KB028041

스크린의 기억,
시네마 명언 1000

MEMORY OF SCREEN,
1000 WISE SAYINGS
OF MASTERPIECE FILMS

스크린의 기억,
시네마 명언 1000

인문학자 김태현 지음

영화로 보는 인문학 여행

RITEC
CONTENTS

세상에는 수많은 이야기가 있습니다. 아주 오래전부터 사람들은 가상의 이야기를 짓고, 연극을 올리고, 소설을 쓰고, 그것을 영상에 담기 시작했습니다. 교훈을 주는 이야기, 때로는 사랑을 전하는 이야기, 그리고 아무도 좋아하지 않을 법한 이야기까지 예술을 통해 털어놓은 것입니다. 사람들은 영화 속 주인공이 웃으면 함께 웃고, 슬픈 상황에 처하면 함께 울게 됩니다. 그것이 '진짜'가 아닌데도요.

지금은 날마다 새로운 영화가 제작되어 여러 매체를 통해 쏟아져 나오고 있지만, 그만큼 무엇이 재밌고 감동을 주는지 구분하기 어렵게 되었습니다. 그래서 이 책에서는 수많은 이들에게 감동을 주고 통찰력을 넓혀주었던 영화들을 엄선하는 데에 많은 시간과 노력을 기울였습니다.

몇 백 년이 지난 고전 소설이 여전히 읽히듯, 명작으로 꼽히는 영화는 만들어진 시기와 상관없이 많은 사랑을 받고 있습니다. 이는 영화가 역사, 철학, 문학을 다룬 인문학 도서 못지않게 인간 본연의 삶에 대한 이야기를 함으로써 감상자의 통찰력을 넓혀주기 때문입니다. 영화를 통해 얻은 감동과 통찰들은 수만 권의 독서를 통해 쌓은 세상에 대한 지식에 비기는 수준입니다. 저의 주변의 뛰어난 삶의 통찰과 감성을 가진 사람들 중에는 독서광 못지않게 영화광인 사람이 많습니다.

소설에 명문장이 숨어 있듯, 영화에도 명대사가 있습니다. 때로는 감정에 푹 빠지게 되고 때로는 삶을 되돌아보게 만드는 그런 명대사, 명언 말입니다.

이 책은 그동안 많은 사람들의 가슴을 울린 명대사를 한 데 모았습니다. 영화의 내용과 그 속에 등장하는 주옥같은 대사를 접하는 것만으로도 독자 여러분의 감성력과 통찰력이 한 단계 더 심오해질 것입니다.

책을 읽는 중 흥미롭게 느껴지는 영화가 나온다면 반드시 감상해 보세요. 단순한 재미요소로 영화를 보기보다 그 안에 숨겨진 인문학적 요소에 집중하다 보면 이전에 느껴보지 못한 새로운 즐거움을 느껴볼 수 있을 것입니다. 우리는 경험해 보지 못한 것들을 영화와 독서를 통해 피부에 와 닿는 내 것으로 만들 수 있습니다.

저의 전작인 〈타인의 속마음, 심리학자들의 명언 700〉 못지않게 독자 여러분에게 많은 울림을 주는 책이 되기를 바랍니다.

김태현

차 례

Part 2

사랑이 싹트는 로맨틱 명대사

#사랑 #로맨스 #연인들

Part 3

인문학적 통찰력을 길러주는 명대사

#인문학 #심오한 #역사

Part 4

사람의 심리를 파고드는 명대사

#심리학 #마음 #감정

Part 5

지친 마음을 힐링해 주는 명대사

#힐링 #심리치유 #휴식

Part 6

인간적인, 너무나 인간적인 명대사
#인간미 #따뜻함 #더불어 살아가는

Part 8

내 안의 상상력을 자극하는 명대사

#상상력 #창의력 #상상의 세계

La La Land
라라랜드, 2016

꿈과 자유를
찾아주는 명대사

#자유로운 영혼 #잊고 있던 꿈 #인생의 주인공

성공한 사람은 자신의 재능을 발견하고 키워서 자신만의 인생을 산
사람입니다. 세상과 타협하고 다른 사람을 그대로 따라 하여 성공을
이뤘다면 그것은 진정한 성공이 아닙니다.

어린 시절에 우리는 각자 자신만의 꿈을 꾸었습니다. 그것이 우리의
재능과 연결되어 있건 그렇지 않건 이루고 싶은 꿈이 있었습니다.
그 꿈을 계속 간직했다면 재능도 키워나갈 수 있었을 것입니다. 아
직 늦지 않았습니다. 꿈을 이룰 시간은 남아 있습니다. 그 꿈을 다시
찾는다면 말입니다.

지금을 즐겨라

〈죽은 시인의 사회(Dead Poets Society)〉(1989)

감독: 피터 위어 | 주연배우: 로빈 윌리엄스 | 아카데미 각본상

카르페 디엠(Carpe Diem). 누군가는 이 문구를 문신으로 몸에 새기기도 합니다. 무슨 뜻일까요? 바로 "지금 이 순간을 즐겨라."입니다. 만약 오늘의 행복을 내일로 미룬다면, 갑자기 죽음이 닥쳐왔을 때 후회하게 되기 마련입니다.

영화 〈죽은 시인의 사회〉는 '키팅 선생님'이라는 훌륭한 멘토의 모습을 보여줍니다. 엄격한 학교에서 새로운 선생님을 만난 아이들은 그와 함께 고전 시를 읽으며 '참된 인생'이 무엇인지 느끼게 됩니다.

001 하루를 붙잡아. 왜냐하면, 믿던 아니던 간에, 여기 있는 각각의 모두가 언젠가 숨쉬기를 멈추고, 차갑게 변해 죽을 거야.

Seize the day. Because, believe it or not, each and every one of us in this room is one day going to stop breathing, turn cold and die.

002 나는 끊임없이 사물을 다른 각도에서 보아야 한다는 걸 잊지 않으려고 책상 위에 서 있는 거야.

I stand upon my desk to remind myself that we must constantly look at things in a different way.

003 그들은 여러분 중 많은 사람들처럼 훌륭한 것들을 위해 운명

지어졌다고 믿습니다. 그들의 눈은 당신처럼 희망으로 가득 차
있어요.

They believe they're destined for great things just like many of you.
Their eyes are full of hope, just like you.

004 누가 무슨 말을 하든지, 말과 언어는 세상을 바꿔놓을 수 있다.

No matter what anybody tells you, words and ideas can change the
world.

005 카르페 디엠. 매 순간 즐기며 살아라. 너희만의 특별한 삶을 살
아라.

Carpe Diem. Seize the day. Make your lives extraordinary.

끝까지
달리게 하는 힘

〈불의 전차(Chariots of Fire)〉(1981)
감독: 휴 허드슨 | 주연배우: 벤 크로스 | 아카데미 작품상

많은 사람들이 삶을 마라톤에 비유할 만큼, 마라톤과 인생은 닮
은 구석이 있습니다. 자신의 앞에 펼쳐진 길을 따라 꾸준히 달려야 한
다는 점에서 말입니다. 때로는 힘들고 지쳐도 레이스는 계속됩니다.

치열하게 삶을 살아가는 우리에게, 이 영화에서 보여주는 스포

츠맨십은 감동적입니다. 차별과 편견을 이겨내기 위해 승리를 향한 투지를 불태우는 마라토너의 모습은 영화 속에서 기적의 레이스를 탄생시킵니다.

006 우릴 끝까지 달리게 하는 힘은 어디서 나오는 걸까요? 바로 우리의 마음입니다.

So where does the power come from to see the race to its end? From within.

007 어떠한 권력이나 압력에도 굴하지 않길 바랍니다.

And let no power or persuasion deter you in your task.

008 전 여러분이 구경만 하지 말고 직접 참여하길 바랍니다.

But I want you to do more than just watch a race. I want you to take part in it.

009 평생 알지도 못하는 걸 쫓으며 살았지.

All my life, I've been chasing things I don't even know.

010 경주란 힘들고 강인한 의지와 끈기가 필요한 일이지만, 우승테이프를 끊는 순간 짜릿함을 경험하실 겁니다.

It's hard. It requires concentration of will, energy of soul. You experience elation when the winner breaks the tape - especially if you've got a bet on it.

1-3

인생의 선택

〈포레스트 검프(Forrest Gump)〉(1994)

감독: 로버트 저메키스 | 주연배우: 톰 행크스 | 아카데미 작품상

인생은 B(irth)와 D(eath) 사이에 C(hoice)라는 말이 있습니다. 우리의 인생이 선택의 연속이라는 말입니다. 하지만 우리는 그 선택지가 어떤 결말을 가져올지 모르는 채로 선택해야 합니다.

영화 〈포레스트 검프〉의 주인공 포레스트는 사회의 괴롭힘 속에서도 따뜻하고 순수한 사람으로 성장합니다. 그리고 그가 탄탄한 인생 가도에 오르는 순간, 인생의 전환점이 찾아옵니다. 이 영화에서 운명은 누가 정해 주는 것이 아니라 바로 자신이 선택하여 만들어 나가는 것이라는 메시지를 찾을 수 있습니다.

011 인생은 초콜릿 박스와도 같아 포레스트. 넌 그 안에서 뭐가 나올지 결코 알 수 없지.

Life is like a box of chocolates, Forrest. You never know what you're gonna get.

012 우리의 인생도 어떻게 선택을 하느냐에 따라서 인생의 결과도 달라질 수 있어.

Also does our life select how to follow, there is a possibility also the result of life changing.

013 과거는 뒤에 둬야 앞으로 나갈 수 있어.

You got to put the past behind you before you can move on.

014 제 운명은 뭐예요? / 그건 너가 알아서 해야 해. 네 운명은 네가 개척하는 거란다.

What's my destiny? / You've got to take care of it's up to you. Your destiny is yours to carve out.

015 저마다 운명이 있는지 아니면 그냥 바람 따라 떠도는 건지 모르겠어. 내 생각엔 둘 다 동시에 일어나는 것 같아.

I don't know if we each have a destiny or we are just floating around accidently like a breeze. But I think it's the both.

1-4

희망은
사라지지 않는다

〈쇼생크 탈출(The Shawshank Redemption)〉(1994)
감독: 프랭크 다라본트 | 주연배우: 팀 로빈스

자유는 빼앗겨본 사람이 더 갈망하게 되는 것입니다. 처음부터 자유로운 삶을 산 사람은 그것이 그렇게 좋은 것인지 모릅니다. 하지만 자유를 빼앗기는 순간, 그것이 얼마나 귀한 것이었는지 깨닫게 되는 것입니다.

이 영화에서 주인공은 종신형을 받아 강력범들이 갇혀 있는 감옥에 수감됩니다. 그리고 무참한 현실에서 희망을 잃지 않으려 고군분투합니다. 우리는 그 모습을 통해 인간적인 감정을 느낄 수 있습니다.

016 희망은 좋은 것이에요. 아마도 최고라고 할 수 있죠. 그리고 좋은 건 사라지지 않습니다.

Hope is a good thing. Maybe it's best of the best. And the good things never go away.

017 두려움은 당신을 포로로 묶어 놓지만, 희망은 당신을 자유롭게 한다.

Fear binds you prisoner, but hope frees you.

018 음악은 아름다운 거야. 그건 빼앗아 갈 수 없거든.

That's the beauty of music. They can't get that from you.

019 나는 나 자신이 가만히 앉아 있거나 생각을 하고 있을 수 없을 만큼 흥분해 있다는 걸 깨달았다. 자유인만이 느낄 수 있는 흥분일 것이다.

I find that I am so excited I can barely sit still or hold a thought in my head. I think it is the excitement only a free man can feel.

020 나는 결말이 불확실한 긴 여행을 시작한 자유인이다.

A free man at the start of a long journey whose a conclusion is uncertain.

꿈이 있는 자
앞으로 나아간다

〈행복을 찾아서(The Pursuit of Happyness)〉(2006)
감독: 가브리엘 무치노 | 주연배우: 윌 스미스

사람들은 희망에 대해서 열심히 말하고는 합니다. 희망은 무엇일까요? 바로 포기하지 않는 힘입니다.

영화 〈행복을 찾아서〉는 아들과 함께 길거리로 나앉은 주인공이 인생의 마지막 기회에 도전하는 이야기입니다. 자신의 아들을 위해서 어떻게든 살아남아야 하는 주인공은 60대 1이라는 경쟁률에 도전합니다. 그는 자신의 아들에게, 면접관에게 많은 명언을 남깁니다. 그리고 그 명언은 관객에게 희망을 선물합니다.

021 넌 꿈이 있어. 그럼 그걸 지켜야 해. 사람들이 거기에 대해 뭘 할 순 없지만, 대신에 그들은 네가 그걸 할 수 없다고 말하고 싶어할 거야. 뭘 원한다면, 가서 가져. 끝!

You got a dream. You gotta protect it. People can't do somethin' themselves, they wanna tell you can't do it. If you want somethin', go get it.

022 누구도 너에게 '너는 할 수 없어'라고 말하도록 내버려 두지 마.

Don't ever let somebody tell you "You can't do something."

023 사람들은 자신이 하지 못하는 일에 대해서 '너도 못 할 거야' 라고 말하고 싶어 해.

People can't do something themselves. They want to tell you. "You can't do it."

024 저는 질문을 받았을 때 답을 모르면 모른다고 말하는 사람입니다.

I'm the type of person. If you ask me a question, and I don't know the answer, I'm gonna tell you that I don't know.

025 제 인생의 이 부분, 이 작은 부분을, 바로 '행복'이라 부릅니다.

This part of my life, this little part, is called "Happiness."

천재의 열정과 소망

⟨어거스트 러쉬(August Rush)⟩(2007)
감독: 커스틴 쉐리단 | 주연배우: 프레디 하이모어

어렸을 때는 누구나 신동, 천재 등의 칭찬을 듣기 마련입니다. 그렇지만 진짜 천재는 어떨까요?

영화 ⟨어거스트 러쉬⟩에는 음악 천재 소년이 등장합니다. 눈을 감으면 세상의 모든 소리가 음악이 되는 소년 '에반'은 그 기적 같은 능력으로 이야기를 이끌어나갑니다. 이 영화는 음악의 선율을 타고

이루어지는 아름다운 만남을 그리는 영화로, 낭만적인 가을밤에 아
주 잘 어울리는 영화입니다.

026 음악은 우리 주위 어디에든지 있어요. 우리는 그저 귀를 기울
이기만 하면 돼요.

The music is all around us, all you have to do is listen.

027 난 그저 들어요. 언젠가 언젠가 언젠가 우리는 함께 할 거예요.

I just listening, Someday Someday Someday We'll be together.

028 책에서 음악을 배울 수 있는 게 아니야! 음악은 저 밖에 있다구!

You can't learn music from books! It's out there!

029 세상은 바람이 만들어내는 수백만 개의 선율로 가득하다.

There is a world out there with millions of wind chimes.

030 믿음을 가지면 너에게 나쁜 일이 일어나지 않을 거야.

Nothing bad's gonna happen. Gotta have a faith.

인생의 도전 정신

〈샤인(Shine)〉(1996)

감독: 스콧 힉스 | 주연배우: 제프리 러쉬 | 아카데미 남우주연상

인생은 도전입니다. 영화 〈샤인〉은 1969년, 미치지 않고서야 연

주할 수 없다는 '라흐마니노프'의 피아노 협주곡 3번으로 전설적인 무대를 남겼던 천재 피아니스트 '데이비드 헬프갓'의 이야기를 보여 줍니다.

온전치 못한 정신으로 10년간 세상과 단절되어 있던 그는 우연히 들어간 레스토랑에서 운명적으로 다시 피아노 연주를 하게 됩니다. 도전은 우리를 끊임없이 삶의 한가운데로 데려갑니다. 그것은 가히 운명의 힘이라고도 할 수 있습니다.

031 중요한 건 인생은 멈춰 있는 게 아니란 거야. 그래서 세월이 흐르는 동안 우리도 열심히 살아야지.

The point is, life's not all lamb loin chops. It goes on, and you just have to keep on going too.

032 감정을 표출하려면 모든 걸 희생해야 돼.

You have to sacrifice everything to express your feelings.

033 인생은 힘들어. 그렇지만 음악은 항상 친구가 되어주지. 모든 것이 널 망친다 해도 말이야.

Life is cruel, but music, it will always be your friend. Everything else will let you down in the end.

034 명심해. 이걸 해내면 누구도 자넬 따라올 수 없어.

Remember, once you done it, nobody never take it away from you.

035 자신을 탓하는 건 좋지 않아요.

You can't go on blame yourself everything what happened.

어른이 된 천재,
긍정의 힘

〈굿 윌 헌팅(Good Will Hunting)〉(1997)
감독: 구스 반 산트 | 주연배우: 맷 데이먼 | 아카데미 각본상

상처받은 천재에게 필요한 것은 무엇일까요?

영화 〈굿 윌 헌팅〉의 주인공 '윌'은 수학, 법학, 역사학 등 모든 분야에 재능이 있는 천재적인 두뇌를 가지고 있지만, 어린 시절에 받은 상처로 인해 세상에 마음을 열지 못하는 불우한 반항아로 살아갑니다. 그런 그에게 대학 교수인 '숀'이 찾아오게 되고, 변화가 시작됩니다. 〈굿 윌 헌팅〉은 윌뿐만 아니라 우리들 관객에게 좋은 인생 멘토가 되어주는 영화입니다.

036 나쁜 일도 있을 거야, 하지만 그럴 때마다 보이지 않았던 좋은
것들이 보이기 시작할 거야.

You'll have bad times, but it'll always wake you up to the good stuff
you weren't paying attention to.

037 사람들은 이런 걸 결점이라고 하지만, 그렇지 않단다. 이런 게
진짜배기야. 우리는 불완전한 서로의 세계를 누구에게 보여줄
지 결정하는 거지.

People call these things imperfections, but they're not. That's the good stuff. And then we get to choose who we let in to our weird little worlds.

038 너도 완벽하지 않아. 기대를 망치게 돼서 미안하다만, 네가 만났다던 그 여자애도 완벽하지는 않아. 중요한 건 과연 서로에게 얼마나 완벽한가 하는 거야.

You're not perfect, sport. And let me save you the suspense. This girl you met, she isn't perfect either. But the question is whether or not you're perfect for each other.

039 왜 걔가 그런 원숭이 같은 애들이랑 어울리느냐고? 왜냐면 야구방망이라도 대신 맞아줄 애들이니깐, 알아? 그게 신의인 거야.

Why does he hang out with those retarded gorillas, as you called them? Because any one of them, if he asked them to, would take a fucking bat to your head, okay? It's called loyalty.

040 너는 10마일 아래의 모든 부정적인 것까지 보고 두려워하니까 첫걸음을 내딛지 못하는 세상에서는 절대 그런 관계를 맺지 못할 거야.

You'll never have that kind of relationship in a world where you're afraid to take the first step because all you see is every negative thing 10 miles down the road.

진정한 챔피언이란

〈밀리언달러 베이비(Million Dollar Baby)〉(2004)
감독: 클린트 이스트우드 | 주연배우: 클린트 이스트우드 | 아카데미 작품상

'복싱'하면 떠오르는 이미지는 역시 거친 인상과 모진 훈련입니다. 이 영화에서는 복싱과 함께 시작되는 인연을 말합니다. 30세가 넘은 여성인 '매기'는 어느 날 낡은 체육관에 선수로 키워달라며 찾아가게 됩니다. 몇 번의 거절 끝에 체육관의 주인인 '프랭키'는 그녀를 선수로 삼게 되고, 매기는 마침내 챔피언 쟁탈전에까지 나갑니다. 하지만 상대방의 반칙으로 인해 큰 부상을 입은 매기는 전신마비를 겪게 되고, 프랭키에게 어느 부탁을 하게 됩니다. 〈밀리언달러 베이비〉는 땀방울처럼 서서히 맺히는 두 사람의 감정이 돋보이는 영화입니다.

041 누구든 경기에서 한 번은 패할 수 있어. 하지만 그걸 이겨내야만 진정한 챔피언이 될 수 있지.

Anybody can lose one fight, anybody can lose once, you'll come back from this you'll be champion of the world.

042 지금까지 이뤄낸 것들을 뒤로 하고 이렇게 살 수는 없어요. 전 세상을 봤어요. 모두가 내 이름을 외치고 있었어요.

I can't be like this, Frankie. Not after what I done. I seen the world. People chanted my name.

043 저는 미숙아로 태어났어요. 아버지는 내가 싸우면서 이 세상에 왔고 싸우면서 떠날 거라고 말하곤 했죠.

I was born two pounds one-and-a-half ounces. Daddy used to tell me I fought to get into this world and I'd fight my way out.

044 내가 원하는 건 전부 이뤘어요. 그걸 빼앗기도록 보고만 있지 말아줘요.

I got what I needed. I got it all. Don't let 'em keep taking it away from me.

045 사람들은 열정만 있으면 권투를 할 수 있다지만, 프랭키 말로는 열정 운운하는 놈들이 제일 먼저 포기한다고 했다.

Some people'd say, the most important thing a fighter can have is heart. Frankie'd say, "Show me a fighter with nothing but a heart, and I'll show you a man waiting for a beating."

1-10

운명의 주인공이 되어라

⟨레이(Ray)⟩(2004)

감독: 테일러 핵포드 | 주연배우: 제이미 폭스 | 아카데미 남우주연상

시련과 장애에 굴하지 않고 성공한 인생, 행복을 찾은 사람의 이야기는 보는 사람에게 삶에 대한 희망을 심어줍니다. 흑인으로, 그

것도 시각장애인으로 당당히 세상의 편견과 맞서 자신의 한계를 뛰어넘은 레이.

영화 〈레이〉의 주인공은 바로 전 세계인들의 가슴속에 살아 있는, 영혼의 음성 '레이 찰스'입니다. 세계에서 가장 사랑받는 엔터테이너가 되기까지 겪은 시련을 보여준 이 영화는 어떤 유명인의 전기(傳記)보다 감동을 줍니다.

046 몸의 장애보다 무서운 건 마음의 장애란다.

What's scarier than a physical disability is a mental disability.

047 처음엔 뭐든 어떻게 하는지 알려줄게. 두 번까지도 내가 도와주마. 하지만 세 번째부턴 너 혼자 해야 돼. 바깥세상이 그러니까.

Okay, I'll show you how to do something once. I'll help you if you mess up twice. But third time, you're on your own. Cause that's how it is in the world.

048 약속해 주렴. 누구도 널 굴복시키지 않게 하겠다고. 네가 스스로 당당히 살아가겠다고.

Now promise us you'll never let nobody or nothing turn you into no cripple ever again. That you'll always stand on your own two feet.

049 난 귀가 눈이야. 무척 예민하지. 그래서 밑창이 단단한 신발을 신는 거야. 발걸음이 벽에 울리는 소리로 문까지의 거리를 짐작할 수 있도록.

My ears not to be my eyes. Everything sounds different. That's why

I wear hard-soled shoes so I can hear my footsteps echo off the wall.

050 엄마와의 약속 잊지 마. 마음의 불구가 돼선 안 돼.

Always remember your promise to me. Never let nobody or nothing turn you into no cripple.

재능과 열망의 신화

〈아마데우스(Amadeus)〉(1984)

감독: 밀로스 포만 | 주연배우: 톰 헐스 | 아카데미 작품상

　열정이 앞서면 어느 순간 재능의 부족을 느끼게 됩니다. 더 나아가면 재능을 가진 사람을 시기하고, 질투하게 되고 증오하기까지 하는 게 인간의 마음입니다.

　영화 〈아마데우스〉는 꿈에 대한 비극적인 열정을 보여줍니다. 바로 교만하고 방탕한 모차르트를 질투하는 살리에리의 이야기입니다. 웅장한 음악과 그 시대 화려한 복식의 재현, 인물의 복잡한 감정선을 그려내 아카데미 작품상을 받은 〈아마데우스〉. 천재성을 시기했던 비운의 수재의 모습에서 우리는 처절한 인간성을 발견할 수 있습니다.

051 욕망을 갖게 했으면 재능을 주셨어야지.

If you gave me a thirst, you should have given me a talent, too.

052 모든 평범한 사람들의 대변자지. 난 그 평범한 사람들 중 챔피언이요! 그들의 후원자이기도 하고! 모든 범죄자들이여, 너의 죄를 사하노라!

I speak for all mediocrities in the world. I am their champion. I am their patron saint. Mediocrities everywhere I absolve you.

053 하지만 전 재능이 있고 당신은 돈이 있잖습니까? 제가 제 걸 주면, 당신도 당신 걸 주셔야죠.

But you see, I am endowed with talent, and you with money. If I offer mine, you should offer yours.

054 고상한 것! 도대체 뭐가 고상한 거죠? 고상한 것에 넌덜머리가 납니다. 이미 시들어버린 과거의 전설. 왜 우린 신이나 전설에 매여 있어야 하죠?

Elevated! What does that mean, elevated? I am fed to the teeth with these... elevated things. Old dead legends. Why must we go on forever writing of gods and legends?

055 모차르트! 그의 이름을 안 순간부터 내 뇌리에서 벗어난 적이 없소.

Mozart! I can't think of a time when I didn't know his name.

좋아하는 일을 해요

〈리틀 미스 선샤인(Little Miss Sunshine)〉(2006)
감독: 조나단 데이턴 | 주연배우: 스티브 카렐 | 아카데미 각본상

때로는 아이의 천진함이 웃음을 자아낼 수 있다는 것은 많은 사람들이 아는 사실입니다.

영화 〈리틀 미스 선샤인〉은 저마다 우울한 사정을 가진 가족들이 꼬마 '올리브'의 미인대회 출전을 위해 먼 길을 떠나는 이야기에서 출발합니다. 여기에 등장하는 올리브의 할아버지는 털털하고 유쾌한 입담을 자랑하는데, 연이어 이어지는 웃기면서도 슬픈 상황들과 대사는 관객들에게 웃음과 감동을 선물해 줍니다.

056 결과야 어떻든 네 힘으로 노력했다는 게 중요해. 노력조차 않는 사람들도 허다하니까, 날 포함해서.

Whatever happens, you tried to do something on your own which is more than most people ever do and I include myself in that category.

057 넌 도전했고 도전에는 용기가 필요해. 네가 자랑스럽다.

You took a big chance. That took guts, and I'm proud of you.

058 잠깐, 패배자란 어떤 사람인지 알아? 진짜 패배자는 질까 무서워서 시도도 안 하는 사람이란다.

You know what a loser is? A real loser is somebody that's so afraid of not winning, they don't even try.

059 하여간, 인생의 막바지에 도달해서 뒤를 돌아보고 이런 결론을 내렸어. 자신이 고통받았던 날들이 자신 인생의 최고의 날들이었다고.

Anyway, he uh…. he gets down go to the end of his life and he looks back and decides that all those days he suffered those were the best years of his life.

060 좋아하는 일을 해요. 나머지는 엿이나 먹으라 해요.

You do what you love, and fuck the rest.

해낼 수 있는 힘

〈**록키**(Rocky)〉(1976)
감독: 존 G. 아빌드센 | 주연배우: 실베스터 스탤론

마음만 먹으면 무엇이든 할 수 있을 때가 있습니다. 그리고 그 마음먹기란 '얼마나 노력할 것인가'와도 직결된 문제입니다.

영화 〈록키〉에 나오는 필라델피아 뒷골목 4회전 복서 록키는 고리대금업자의 하수인 노릇으로 생계를 이어가다 짝사랑하던 여인과 연인이 되며 새로운 미래를 꿈꿉니다. 그러던 어느 날 세계 챔피

언이 무명의 복서에게 도전권을 주는 이벤트를 준비하고, 그 상대로 록키가 지목됩니다. 치열한 훈련 장면으로 유명한 이 영화는 아름다운 도전과 힘을 보여줍니다.

061 내가 할 수 있는 일은 최선을 다하겠습니다.

I guess, I'll have to do the best I can.

062 이젠 앞으로 좀 나아가고 싶어요. 사실 제 자신의 삶을 위해 살아가고 싶어요.

Now I start to get a little ahead, I start to get a little something for myself, and this happens.

063 네가 얼마나 힘든지 상관없이, 세상은 너를 끊임없이 힘들게 할 거야. 만약 네가 내버려 둔다면.

I don't care how tough you are, it will beat you to your knees and keep you there permanently if you let it.

064 만약 너에게 가치가 있는 게 있다면 나가서 그 가치 있는 것을 가져!

Now if you know what you're worth, go out and get what you're worth.

065 네가 너 스스로를 믿기 전까지는 진정한 인생을 살았다고 할 수 없을 거야.

Until you start believing in yourself, you ain't gonna have a life.

인생의
아름다움을 찾아서

〈그레이트 뷰티(La Grande Bellezza)〉(2013)

감독: 파올로 소렌티노 | 주연배우: 토니 세르빌로 | 아카데미 외국어영화상

40여 년 전 소설 한 권을 끝으로 더 이상 책을 쓰지 못하는 소설가 이야기 〈그레이트 뷰티〉는 우리에게 인생의 아름다움이 어디에 있는지 알려줍니다.

보통 상류 1%의 사람이 된다면 행복할 거라고 사람들은 생각합니다. 하지만 이 영화에서 어떤 화려한 파티와 예술도 주인공의 마음을 울리지 못합니다. 65번째 생일파티가 지난 어느 날, 첫사랑의 부고 소식을 들은 주인공은 자신의 아름다웠던 기억을 반추하기 시작합니다. 여러분의 인생은 언제 가장 아름다웠나요?

066 나는 9월을 계획하면서 내 여름을 다 바쳤어.

I spent all my summers making plans for September.

067 여행은 상상력 단련엔 좋지만 피로와 실망으로 가득하다. 우리 여정은 오롯이 상상이기에 나아갈 힘을 얻는다.

Travel is useful, it exercises the imagination. All the rest is disappointment and fatigue. Our journey is entirely imaginary. That is its strength.

068 예순여섯 살이 되고 며칠 후 내가 깨달은 가장 중요한 건, 원치 않는 일에 낭비할 시간이 없다는 사실이다.

The most important thing I discovered a few days after turning 65 is that I can't waste any more time doing things I don't want to do.

069 파티에 가는 것만으론 성에 차지 않았다. 파티를 초라하게 만드는 아우라를 갖고 싶었다.

I didn't just want to go to parties. I wanted to have the power to make them a failure.

070 늘 이렇게 끝난다. 죽음으로. 하지만 죽음 이전에 삶이 먼저 있었다.

This is how it always ends. With death. But first there was life.

1·15

죽음을 넘어서는 자유

〈브레이브 하트(Braveheart)〉(1995)

감독: 멜 깁슨 | 주연배우: 멜 깁슨 | 아카데미 작품상

영화 〈브레이브 하트〉는 스코틀랜드를 침략한 잉글랜드에 대항한 영웅 '윌리엄 월레스' 이야기입니다. 우리나라 또한 일제에 맞서 죽음을 감수한 위인들이 있습니다. 그리고 독재 정권에 맞서 자유민주주의를 외치다 숨을 거둔 위인들도 있습니다.

이처럼 자유는 죽음을 뛰어넘는 가치가 됩니다. 우리는 그저 생존하는 것이 아니라, 자유롭게 살아가야 행복하다는 것입니다. 마지막 장면에서 자유를 외치는 영웅 윌리엄 월레스의 일대기는 그런 자유의 중요성을 일깨워줍니다.

071 그들이 나의 목숨을 가져갈 수 있지만 우리의 자유를 절대 가져갈 순 없다.

They may take our lives, but they'll never take our freedom!

072 여러분은 싸우러 왔다. 자유인으로, 그리고 자유인들이다. 여러분들은… 자유 없이 무엇을 하겠는가? 싸우겠는가?

You have come to fight as free men, and free men you are. What would you do without freedom? Will you fight?

073 모든 사람은 죽는다. 그러나 모든 사람이 진정으로 살아 있는 것은 아니다.

Every man dies, but not every man really lives.

074 내가 윌리엄 월레스다. 그리고 내게 보이는 건, 거대한 무리의 내 조국 동포들이다. 여기, 독재에 대항하는……

I am William Wallace. And I see a whole army of my countrymen here in defiance of tyranny.

075 물론 지금 도망치면 살 순 있겠지, 그러나 세월이 흘러 죽었을 때 지금과 그때의 시간을 바꾸고 싶어질 거요.

Of course, if you run away now, you'll live, but when you die, you'll want to change the time you have now and then.

색다른 인생이 필요해

〈월터의 상상은 현실이 된다(The Secret Life of Walter Mitty)〉(2013)
감독: 벤 스틸러 | 주연배우: 벤 스틸러

언젠가 삶이 단조롭다고 느낀 적 있으십니까? 화려한 액션 영화, SF 영화 같은 장면이 인생에 펼쳐지기를 바라던 적은 없으십니까? 이 영화의 주인공도 그런 사람입니다.

'라이프' 잡지사에서 16년째 근무 중인 '월터 미티'는 폐간 전 마지막 호 표지 사진을 찾아오는 미션을 받습니다. 평생 국내를 벗어나 본 적 없는 월터는 사진을 찾아 그린란드, 아이슬란드 등을 넘나들며 거대한 모험을 시작합니다. 〈월터의 상상은 현실이 된다〉는 일상과 비일상을 넘나드는 삶의 아름다움을 만끽할 수 있는 영화입니다.

076 현재 고도 5,486m, 내 정신도 이 눈처럼 휘몰아친다.

Now at 18,000 feet. My mind drifts like the snow.

077 세상을 보고 무수한 장애물을 넘어 벽을 허물고 더 가까이 다가가 서로를 알아가고 느끼는 것. 그것이 바로 우리가 살아가는 목적이다.

To see the world, things dangerous to come to, to see behind walls, draw closer, to find each other, and to feel. That is the purpose of life.

078 아름다운 것들은 관심을 바라지 않아.

Beautiful things don't ask for attention.

079 어떤 때는 사진을 안 찍어. 아름다운 순간이 오면 카메라로 방해하고 싶지 않아. 그저 그 순간 속에 머물고 싶지.

Sometimes I don't. If I like a moment, for me, personally, I don't like to have the distraction of the camera. I just want to stay in it.

080 삶은 용기와 알지 못하는 곳으로 뛰어드는 것의 전부이다.

Life is about courage and going into the unknown.

1-17

꿈을 향해 나아가는 이야기

〈빌리 엘리어트(Billy Elliot)〉(2000)
감독: 스티븐 달드리 | 주연배우: 제이미 벨 | 아카데미 남우주연상

어렸을 때 가진 꿈을 끝까지 밀고 나가기란 어렵습니다. 현실에 부딪히고, 주변의 반대에 부딪힌다면 더더욱 그렇습니다.

영화 〈빌리 엘리어트〉의 빌리는 복싱을 배우던 체육관에서 우연

히 발레 수업을 봅니다. 이를 계기로 발레리노의 꿈을 키운 빌리는 선생에게서 로얄 발레학교의 오디션을 권유받습니다. 아버지와 형의 강한 반대를 빌리는 어떻게 뛰어넘을까요? 〈빌리 엘리어트〉는 한 소년의 꿈과 감동적인 가족을 그리는 아름다운 이야기입니다.

081 그 아인 어쩌면 천재일지도 몰라.

He might be a genius, for all we know.

082 우린 끝났어. 달리 어떤 선택을 할 수 있겠니? 그 애에게 기회라도 주자. 제발!

We're finished, son! What choice have we got, eh? Let's give the boy a fucking chance!

083 빌리를 전적으로 지원하십니까? / 네. 합니다.

You are completely behind Billy? Are you not? / Yes. Yes, of course.

084 음, 잘 되지 않으면 다시 돌아와도 되나요? / 농담이지? 우린 이미 네 방을 세놨단다.

Well, if I don't like it, can I still come back? / Are you kidding? We've let out your room.

085 모르겠어요. 춤을 추면 그냥 기분이 좋아요. 조금은 어색하기도 하지만 한번 시작하면 모든 걸 잊게 되고, 그리고 모든 게 사라져요. 사라져 버리는 것 같아요. 내 몸 전체가 변하는 기분이죠. 마치 몸에 불이라도 붙은 느낌이에요. 전 그저 한 마리의 나는 새가 되죠. 마치 전기처럼요.

Don't know. Sorta feels good. Sorta stiff and that, but once I get going then I like, forget everything. And sorta disappear. Sorta disappear. Like I feel a change in my whole body. And I've got this fire in my body. I'm just there. Flyin' like a bird. Like electricity. Yeah, like electricity.

1-18

가장 보통의 이야기

⟨프란시스 하(Frances Ha)⟩(2012)
감독: 노아 바움백 | 주연배우: 그레타 거윅

　스물일곱. 누군가에겐 미래, 누군가에겐 현재, 누군가에겐 과거인 나이입니다. 브루클린의 작은 아파트에서 단짝 친구인 '소피'와 살던 뉴요커 '프란시스'는 스물일곱 살입니다. 유명한 무용수가 꿈인 그녀는 몇 년째 평범한 연습생 신세이고, 같이 살던 소피는 남자 친구와 결혼하는 등 일상이 꼬이기 시작합니다.

　아직 철도 없고 꿈을 꾸지만 이제는 어른이 되어야 하는 스물일곱의 이야기, ⟨프란시스 하⟩는 그런 평범한 청춘의 반짝임을 그리고 있습니다.

086 제 직업이요? 설명하기 힘들어요. 진짜 하고 싶은 일이긴 한데,

진짜로 하고 있진 않거든요.

Um, it's kind of hard to explain. / Because what you do is complicated? / Uh, because I don't really do it.

087 때로는 해야 할 때, 당신이 해야 할 일을 하는 것이 좋다.

Sometimes it's good to do what you are supposed to do, when you are supposed to do.

088 27살이면 늙었지.

Twenty-seven is old, though.

089 넌 정말 멋진 출판계 거물이 될 거야. / 그리고 넌 유명한 현대 무용수가 될 거고.

You'll be this awesomely bitchy publishing mogul. / And you'll be this famous modern dancer.

090 언젠가 끝날 인생이라 재밌고 슬프기도 하지만, 거기엔 비밀스런 세계가 존재하고 있어요. 사람들에 둘러싸여 있어도 우리만 아는 세계.

And it's funny and sad, but only because this life will end, and it's this secret world… that exists right there in public, unnoticed, that no one else knows about.

만남과 이별

〈백만 엔 걸 스즈코(百万円と苦虫女)〉(2008)
감독: 타나다 유키 | 주연배우: 아오이 유우

무언가를 시작하고 끝내는 일은 항상 힘이 들기 마련입니다. 용기도 필요하고, 새롭게 출발할 힘도 필요합니다. 이미 굴러가고 있는 바위를 움직이기는 쉽지만, 멈춰 있는 바위를 굴리기는 어려운 것과 마찬가지입니다.

영화 〈백만 엔 걸 스즈코〉는 취직을 하지 않고 아르바이트로 생활하며, 100만 엔이 모이면 다른 곳으로 이사 가려는 여자의 이야기입니다. 산과 바다, 도시를 아우르는 일본의 다양한 풍경이 돋보이는 이 영화는 무언가 시작하기에 앞서, 두려움에 망설이는 사람에게 따뜻한 용기를 심어줄 수 있습니다.

091 자아를 찾기 위한 여행인가요? / 아니요, 오히려 찾고 싶지 않아요. 찾지 않아도, 내가 한 행동에 따라 살 수밖에 없으니까요. 아무리 싫어도 여기 있으니까요. 도망치는 거예요.

自分を探すための旅行ですか?いいえ、むしろ探したくないです。探さなくても、自分の行動次第で生きるしかないですからね。いくら嫌でもここにいますから。逃げるんです。

092 만남이 있으면 반드시 이별이 있기 마련인데, 누난 그 이별이

두려워서 무리를 했던 것 같아.

出会いがあれば必ず別れがあるはずだが、姉はその別れが怖くて無理をしたようだ。

093 하지만 이별은 새로운 만남을 위한 과정이라는 걸 이제는 알아. 좋아하는 사람과 헤어지는 건 울 일이 아니라고 생각해.

しかし別れは新しい出会いのための過程だということを今は知ってる。好きな人と別れるのは泣くことじゃないと思う。

094 난 많은 사람에게서 도망쳤지만, 이번엔 정말 새로운 곳에서 부끄럽지 않게 잘 살아갈 거야.

私は多くの人から逃げたけど、今度は本当に新しい所で恥ずかしくないようにちゃんと生きていく。

095 어디를 가도 겉돌기만 해서, 차라리 아무도 나를 아는 사람이 없는 곳에서 살아보고 싶다는 생각한 적 없어요?

どこに行っても空回りばかりして、いっそ誰も私を知っている人がいない所で暮して見たいと思ったことないですか?

예술가의 영혼

⟨러빙 빈센트(Loving Vincent)⟩(2017)

감독: 도로타 코비엘라 | 주연배우: 시얼샤 로넌

예술가는 대개 살았을 적엔 사랑받지 못하고 죽은 후에야 조명

받는 경우가 있습니다. 유명한 화가 '빈센트 반 고흐'가 그렇습니다. 살아생전 단 한 점의 그림만을 팔았던 화가 빈센트는 오늘날에 와서 많은 이들의 사랑을 받고 있습니다.

예술가의 열정과 아픔을 그린 영화 〈러빙 빈센트〉는 붓으로 하나하나 그려낸 그림입니다. 빈센트가 마지막으로 머물렀던 마을에서 발견되는 놀라운 이야기를 따라가다 보면, 예술이라는 것이 얼마나 인간적인지 느끼며 깊은 여운을 느끼게 될 것입니다.

096 그의 이웃들이, 경찰들이, 그리고 온 도시가! 이 아픈 사람을 적대했어.

His neighbors and the police and the whole town! Against an ill man!

097 그 미치광이를 위한 눈물은 흘릴 만큼 흘렸어요.

We've had quite enough weeping over that nut case.

098 위대한 예술가들은 영혼이 평안치 못한 법이야.

Great artists are not peaceful souls.

099 그분의 죽음에 대해선 그토록 알고자 하시는데, 그분의 삶에 대해선 얼마나 아시는지요?

You want to know so much about his death. What do you know about his life?

100 이 보잘 것 없는 놈의 마음속에 무엇이 들어 있는지 내 작품으로 보여주고 싶다. 너의 사랑하는 빈센트가.

I would like to show by my work what this nobody has in his heart.

Your loving Vincent.

사랑의 세레나데

〈불멸의 연인(Immortal Beloved)〉(1994)
감독: 버나드 로즈 | 주연배우: 게리 올드만

예로부터 '사랑'이라는 감정은 많은 예술가에게 선물처럼 다가와 상처를 남겼다고 합니다. 우리에게 친숙한 음악가 '베토벤'은 헨델과 바흐, 그리고 모차르트와 하이든의 명성과 재능을 이어 받았지만 청각 장애가 생겼던 비극의 인물로 잘 알려져 있습니다.

영화 〈불멸의 연인〉은 그가 죽는 순간, 자신의 모든 유산을 넘긴 '불멸의 연인'을 찾는 이야기입니다. 예술가의 사랑을 그려낸 이 영화는 음악의 아름다움과 감동을 선물합니다.

101 삶의 질곡은 그에게 상처를 입혔지만, 그의 예술은 승화되었습니다. 바로 지금 이 순간에도 말입니다. 단지 음악만이 그의 막힌 귀에 속삭일 수 있었습니다.

The thorns of life had wounded him deeply so he held fast to his art even when the gate through which it entered was shut. Music spoke through a deafened ear to he who could no longer hear it.

102 이게 음악의 힘이야. 음악은 작곡자의 정신 상태를 그대로 반영하고 있어. 청중은 선택의 여지가 없어. 음악은 최면과 같아.

It is the power of music to carry one directly into the mental state of the composer. The listener has no choice. It is like hypnotism.

103 그를 진심으로 위하는 사람은 아무도 없었군요. 우린 아무도 그의 인생을 편하게 하지 못했어요.

We all failed him. He gave us so much. We couldn't even make his life tolerable.

104 진실이 없는 평화는 존재하지 않습니다.

There can be no peace without the truth,

105 내 불멸의 연인이여. 때론 슬픈 추억, 때론 기쁜 추억… 운명의 끈이 우리를 다시 이을 때까지 오직 그대와 결합하는 것만이 내 인생의 의미입니다.

My immortal beloved. Some of them happy, some sad waiting to see whether fate will hear us. I can live only completely with you or not at all.

거짓과 진실

〈브이 포 벤데타(V For Vendetta)〉(2005)

감독: 제임스 맥티그 | 주연배우: 나탈리 포트만

지금 우리가 살고 있는 세상은 수많은 혁명을 통해 쟁취한 자유를 누리고 있습니다. 그런데 그 자유를 빼앗긴다면, 또 다른 혁명이 일어나지 않을까요?

영화 〈브이 포 벤데타〉는 제3차 세계대전이 일어난 후의 미래를 그린 영화입니다. 모든 사람들이 통제 받으며 살고, 정치적 성향이 다른 이들은 어딘가로 끌려가는 디스토피아적 세계에서 'V(브이)'라는 이니셜로 알려진 의문의 사나이는 자유를 위한 혁명을 계획합니다. 그저 먼 이야기가 아닙니다. 이 영화를 보면서 우리는 지금 이 세상에 뿌리박힌 부조리를 엿볼 수 있습니다.

106 거짓이 판치는 세상에 정직이란 가치는 고귀한 거잖아요. 자신한테 솔직해지면 자유로워져요.

Our integrity sells for so little, but it is all we really have. It is the very last inch of us. But within that inch we are free.

107 물론, 가장 큰 책임은 정부에 있고 대가를 치르겠지만, 이 지경이 되도록 방관한 건 바로 여러분입니다.

Well certainly there are those more responsible than others, and they will be held accountable, but again truth be told, if you're looking for the guilty, you need only look into a mirror.

108 성서에서 훔친 낡은 몇 미디 문구로 벌거벗은 악행을 감추니 악마 짓을 하면서도 성자처럼 보이는구나.

And thus I clothe my naked villainy with old odd ends stolen forth from holy writ and seem a saint when most I play the devil.

109 예술가들은 진실을 말하기 위해서 거짓말을 사용하지만, 정치인들은 진실을 덮기 위해서 거짓말을 사용합니다.

Artists use lies to tell the truth, while Politicians use them to cover the truth up.

110 사람들이 자신의 정부를 두려워해서는 안 된다. 정부가 국민을 두려워해야 한다.

People should not be afraid of their governments. Governments should be afraid of their people.

리스타트

〈원스(Once)〉(2006)
감독: 존 카니 | 주연배우: 글렌 핸사드 | 아카데미 주제가상

새로운 사람을 만나 새 출발을 하는 영화를 보면, 우리는 새로

운 힘을 얻을 수 있습니다. 그 이야기를 통해 희망을 전해 받았기 때문입니다.

영화 〈원스〉에서는 더 이상 사랑이 없을 거라 믿었던 주인공이 밤거리에서 만난 새 인연을 통해 자신이 포기했던 꿈을 다시 잡게 됩니다. 아름다운 선율과 하모니로 이루어진 OST와 그 가사를 되뇌이다 보면, 우리에게도 큰 희망이 전해져 옵니다.

111 당신을 모르지만, 난 당신을 원해요. 그래서 더욱더 난 할 말을 잃고 항상 바보가 되어 어쩔 줄 모르겠어요.

I don't know you. But I want you. All the more for that words fall through me. And always fool me. And I can't react.

112 돈 때문이 아니라 그냥 좋아서 부르는 건데, 듣는 사람이 없어요.

I mean, otherwise, I wouldn't make any money. I play these songs at night. They wouldn't listen.

113 커튼은 찢어버려요. 황금 같은 햇빛을 위해. 당신은 더 좋은 당신이 되고 당신이 할 수 있는 걸 해요.

And tear your curtains down for sunlight is like gold. And you better be you and do what you can do.

114 노래를 만드는 거예요. 멋진 곳에 살면서 우리에게 영광을 가져다 줄 노랠 만들어요.

Come on, we'll write loads of songs and live in a nice flat. You can bring Ivanka over, it'll be brilliant.

115 언제 정신 차릴 건가요? 그럼, 그 생각을 심고 자라는 걸 지켜
봐요. 다 자라면 알아서 가게 내버려 둬요.

When will you learn? So plaut the thought, And watch it grow.
Wind it up and let it go.

영화 같은 인생

〈시네마 천국(Cinema Paradiso)〉(1988)
감독: 쥬세페 토르나토레 | 주연배우: 마르코 레오나르디 | 아카데미 외국어영화상

어렸을 때 우리를 감동시키고, 열정을 불태우게 했던 것은 우리
의 인생에서 쉽게 사라지지 않습니다. 다만 그 불씨가 점점 작아지
고 있다는 것을 느낄 뿐입니다. 그런 우리의 삶에 다시금 열정의 불
씨를 키워주는 영화가 있습니다.

〈시네마 천국〉은 그 열정에 관한 이야기입니다. 어린 시절 영화
가 세상의 전부였던 소년 토토가 마을 광장에 있는 극장 '시네마 천
국'에서 영사 기술을 배워 '알프레도'의 뒤를 이어 영상 기사로 일하
게 되는 것으로 시작하는 이 영화는 가슴 한구석을 먹먹하게 만들
어 줍니다.

116 이 지긋지긋한 여름은 언제 끝나지? 영화라면 벌써 끝났을 텐

데. 따분한 여름은 금방 사라지고 곧바로 시원하게 비가 내리는 장면으로. 정말 완벽할 텐데 말이야!

When does this awful summer end? If it were a movie, it'd be over already. The boring summer disappears quickly and it rains right away. That would be perfect!

117 물은 적도 없거니와 설명할 필요도 없단다. 난 언제나 네가 하는 일이 옳다고 생각하니까. 결국 성공했잖니?

I never asked for any. You don't have to explain to me. I always thought it was good what you did. Why harp on it?

118 무슨 일을 하든 자신의 일을 사랑하렴. 네가 어렸을 때 영사실을 사랑했듯이…….

Whatever you end up doing, love it. The way you loved the projection booth…….

119 이곳은 몹쓸 곳이야. 여기에 사는 동안은 여기가 세계의 중심인 줄 알지.

This land is cursed. Living here day by day, you think it's the center of the world.

120 영화는 현실이 아니야. 현실은 영화보다 훨씬 혹독하고 잔인하지.

Movies are not real. Reality is a lot more severe and cruel than movies.

자유로운 영혼들

〈벨벳 골드마인(Velvet Goldmine)〉(1998)

감독: 토드 헤인즈 | 주연배우: 이완 맥그리거 | 아카데미 의상상

우리는 언젠가 한때 자신을 속박하는 무언가에서 벗어나고 싶었던 시기가 있습니다. 비일상을 추구하고, 사회 규범으로부터 벗어난 일탈을 좋아하던 시기입니다. 자유를 외치는 청춘들의 퇴폐적인 일탈을 그려낸 〈벨벳 골드마인〉은 영화 자체가 한 편의 뮤직 비디오처럼 보입니다.

1970년 영국에서 유행했던 록 음악 '글램록'의 스타 '브라이언'의 화려한 이야기를 그려낸 영화를 보며, 때로는 눈살을 찌푸릴 수도 있겠지만 때로는 자신의 청춘을 회상하며 해방감을 느낄 수도 있습니다.

121 들어 봐. 진정한 예술가는 아름다운 것들을 창조하고 자기 스스로의 삶의 그 어느 것도 그것들에 집어넣지를 않는다고.

Listen, a real artist creates beautiful things and puts nothing of his own life into them, OK?

122 우리는 세상을 바꾸려 했어… 그런데 우리만 바뀌었어.

We tried to change the world. But we're the only ones that changed.

123 그는 평화와 사랑을 외치는 세대의 위선에 경멸했어. 자신의

음악이 소외된 자들에게 들릴 거라고 생각했지.

He despised the hypocrisy of the peace and love generation and felt his music spoke far more to its orphans and its outcasts.

124 참된 음악이 바로 참된 삶이죠. 아름다움은 모든 걸 보여줘요. 숨기는 것이 없기 때문에.

What's true about music is true about life. That beauty reveals everything because it expresses nothing.

125 그가 이렇게 말했지. 사람의 인생은 이미지라고.

But he said to me, "Curt, a man's life is his image."

The Shape of Water

세이프 오브 워터, 2017

PART 2

사랑이 싹트는
로맨틱 명대사

#사랑 #로맨스 #연인들

당신의 첫사랑은 언제였습니까? 지금도 사랑하는 사람이 있습니까? 오늘도 수많은 연인들이 아침 인사를 나누고, 사랑이 담긴 말을 서로에게 속삭였을 것입니다. 인간에게 사랑이란 어떤 의미를 가질까요? 사랑은 우리가 가질 수 있는 감정 중 가장 강렬하고 복잡합니다. 그래서 지금까지 수많은 소설, 시, 영화 등 예술 분야에서 꾸준히 사랑을 노래했을지도 모르겠습니다.

세계 각지에서 다양한 방식으로 표현된 사랑은 저마다의 아름다움을 갖고 있습니다. 서로를 몰랐던 두 사람이 만나 상대를 알아가고 서로에게 스며드는 과정은 평화롭기도 하고, 동시에 열정적이기도 합니다. 영화 속 인물들의 사랑은 어떻게 표현되었을까요?

2-1

죽음도 우리를
갈라놓지 못하리

〈사랑과 영혼(Ghost)〉(1990)

감독: 제리 주커 | 주연배우: 패트릭 스웨이지 | 아카데미 각본상

평소에 사랑한다는 말을 자주 하십니까? 어떤 사람은 사랑을 말로 표현하지 않아도 된다고 생각합니다.

영화 〈사랑과 영혼〉에서도 생전에 사랑한다는 말을 아끼던 주인공이 등장합니다. 그런데 그는 갑작스러운 사고로 연인의 곁을 떠나게 됩니다. 천국으로 향하지 못하고 연인의 곁을 맴도는 자신의 존재를 알리기 위해 노력하던 주인공은 다른 영혼의 도움을 받아 자신만의 방식을 찾습니다. 그는 죽은 뒤에도 어떻게 사랑을 전할 수 있었을까요?

126 참 신기해, 몰리. 마음속의 사랑은 영원히 간직할 수 있으니 말이야.

It's amazing, Molly. The love inside, you take it with you.

127 사람들은 항상 "널 사랑해"라는 말을 하지, 그렇지만 그건 아무 의미도 없어.

People say, "I love you." all the time, and it doesn't mean anything.

128 근데 있잖아, 때로는 그 말을 들을 필요가 있어. 난 사랑한다

는 말을 들을 필요가 있어.

You know, sometimes you need to hear it. I need to hear it.

129 다시 한 번 당신을 만질 수 있다면 뭐든 하겠어.

If I could touch you again, I would do anything.

130 샘, 나를 느낄 수 있어요? / 내 온 마음으로 당신을 느껴요.

Sam, can you feel me? / I feel you with my whole heart.

아름다운 시를
당신에게

〈일 포스티노(Il Postino)〉(1995)

감독: 마이클 래드포드 | 주연배우: 필립 느와레 | 아카데미 음악상

지금까지 많은 시인들이 저마다 아름다운 언어로 사랑 시를 썼습니다.

영화 〈일 포스티노〉는 시와 사랑에 관한 이야기입니다. 작은 섬에서 우체부로 일하는 '마리오'는 시인인 '네루다'에게서 시를 배워 여성의 마음을 얻으려 합니다. 시와 은유의 세계를 만나게 된 마리오는 매력적인 언어를 통해 아름답지만 다가갈 수 없을 것만 같았던 여자 '베아트리체'와 사랑을 이루게 됩니다. 언어를 아름답게 다루기 위해서는 무엇이 필요할까요? 바로 순수한 마음입니다.

이 영화는 우리에게 언어의 아름다움과 풋풋한 사랑 이야기를 보여줍니다.

131 난 내가 쓴 글 이외의 말로 그 시를 설명하지 못하네. 시란 설명하면 진부해지고 말아. 시를 이해하는 가장 좋은 방법은 그 감정을 직접 경험해 보는 것뿐이야.

I can't explain the poem in words other than what I wrote. If you explain poetry, it'll get cliche. The best way to understand a poem is to experience it firsthand.

132 그대의 미소는 그대 얼굴에 나비처럼 번져요.

Your smile spreads like a butterfly.

133 당신은 내게 우표를 붙이는 데에만 쓰던 혀를 다른 데 사용하는 법도 가르쳤잖아요.

You taught me how to use my tongue other than sticking stamps on envelopes.

134 시는 쓰는 사람의 것이 아니라 읽는 사람의 것이에요.

Poetry belongs to those who use it, not those who write it.

135 네루다 선생님, 큰일 났어요. 저는 사랑에 빠졌어요. / 그런 건 곧 나아. / 낫기 싫어요! 계속 빠져 있을래요.

Sir Neruda, I have big trouble. I've been falling in love, it's so hurt. / That will be cured soon. / No, I don't want to. I'd rather be in love forever.

영원한 러브스토리

〈잉글리쉬 페이션트(The English Patient)〉(1996)
감독: 안소니 밍겔라 | 주연배우: 랄프 파인즈 | 아카데미 작품상

    사람은 가장 약한 순간에 사랑에 빠지게 된다고 합니다. 힘든 고난과 역경을 함께 이겨낸 연인이야말로 진정한 사랑을 나누었다고 할 수 있습니다.

    영화 〈잉글리시 페이션트〉는 제2차 세계대전이 종전될 무렵, 극심한 화상을 입고 이름도 잃은 채 '잉글리쉬 페이션트'로 불리던 주인공 '알마시'가 간호사 '한나'를 만나 알게 되는 이야기입니다. 더 이상 치료가 불가능할 정도로 상태가 악화되어가던 그를 헌신적으로 간호해 준 한나는 지금껏 간직해온 자신의 비밀스러운 사랑 이야기를 들려줍니다. 이 영화는 우리에게 사랑과 감동을 선물해 줍니다.

136 심장은 뜨거운 기관이에요. 매일 밤 심장을 도려내고 도려내도 아침이 되면 다시 차올라 있죠.

The heart is an organ of fire. Every night I cut out my heart. But in the morning it was full again.

137 당신은 날 바람의 궁전으로 데리고 나가겠죠. 그게 내가 바라는 전부예요. 그런 곳을 당신과 함께 걷는 것.

You'll take me out to the Palace of Wind. That's all I want. Walking with you in such a place.

138 우린 죽어요. 우리가 맛보았던 것들, 연인들, 사람들과 함께요.

We die, we die rich with lovers and tribes, tastes we have swallowed.

139 언제 가장 행복했나요? / 지금이요. / 그럼 가장 행복하지 않았을 때는? / 지금이요.

When were you most happy? / Now. / And when were you least happy? / Now.

140 새로운 연인들은 초조하고 부드럽지만 모든 것을 파괴한다.

New lovers are nervous and tender but smashed everything.

로맨틱 라이프를 위한 도전

〈제리 맥과이어(Jerry Maguire)〉(1996)
감독: 카메론 크로우 | 주연배우: 톰 크루즈 | 아카데미 남우조연상

인생은 언제나 도전입니다. 사랑도 마찬가지입니다.

영화 〈제리 맥과이어〉는 사랑과 인생 이야기를 들려줍니다. 하루아침에 해고 통보를 받은 주인공 '제리'는 자신의 편을 들어주던 '도로시'와 새로운 에이전시를 꾸려나가며 재기를 꿈꿉니다. 그는 늘

채워지지 않던 자신의 부족한 2%를 그녀에게서 발견하고, 점차 애
정을 품게 됩니다. 하지만 모든 것이 계획대로 진행되지는 않습니다.
그럼에도 불구하고 서로를 지지하는 연인은 우리에게 인생의 동반
자란 무엇인지 생각해 보게 만듭니다.

141 당신이 나를 완성시켜. 당신 없는 나는 내가 아니야.

You complete me, I'm not what I'm without you.

142 성공은, 단순히 넘어지는 것보다 넘어지더라도 한 번 더 일어
나는 것으로부터 시작해.

Success consists of simply getting up one more time than you fall.

143 이봐, 내가 모든 정답을 갖고 있지는 않아. 솔직히 말하자면,
난 살면서 성공한 만큼 실패도 겪어봤어. 하지만 내 아내를 사
랑하고 내 삶을 사랑하지.

Hey, I don't have all the answers. In life, to be honest, I failed as
mush as I have succeeded. But I love my wife. I love my life.

144 사랑, 존경, 공동체… 그리고 돈까지. 이 모든 걸 의미하는 것.
그게 바로 '콴' 이야.

It means love, respect, community… and the dollars too. The
package. The Kwan.

145 어쩌면 사랑은 그렇게 아주 어려운 건 아닐 거예요.

Maybe love shouldn't be such hard work.

아름다운 시간을 기억하며

〈타이타닉(Titanic)〉(1997)

감독: 제임스 카메론 | 주연배우: 레오나르도 디카프리오 | 아카데미 작품상

우리에게 잘 알려진 영화 〈타이타닉〉은 아름다운 연인의 사랑과 비극을 조명하고 있습니다. 우연한 기회로 표를 구해 타이타닉호에 오른 화가 '잭'과 막강한 재력의 약혼자와 함께 1등실에 승선한 '로즈'가 서로에게 한 눈에 반하면서 시작하는 이 이야기는 진실한 사랑을 보여줍니다. 운명 같은 사랑에 빠진 둘에게 닥친 바다 위의 비극은 더 가슴 아픈 영화를 만들어냅니다.

146 만약 당신이 뛰어들면 나도 따라서 뛰어들겠어요.

If you let go, I'm gonna have to jump in there after you.

147 내 최고의 행운은 도박에서 이 배의 표를 딴 거야, 당신을 만났으니까.

My good fortune is lifetime of gambling tickets in the ship's going to win. I met you.

148 전 제게 필요한 것은 모두 가졌어요. 숨 쉴 수 있는 공기와 그릴 수 있는 종이들……. 내가 아침에 일어났을 때, 어떤 일들이 일어날지 모르는 것도 좋고요. 또는 내가 어디서 누구를

만날지도 모르고요.

I mean, I got everything I need right here with me. I got air in my lungs, a few blank sheets of paper. I mean, I love waking up in the morning not knowing what's gonna happen, or who I'm gonna meet, where I'm gonna wind up.

149 나는 삶이 축복이라고 생각하고, 그것을 낭비하면 안 된다고 생각해요. 미래에 어떤 일이 일어날지 당신은 모르잖아요. 삶을 있는 그대로 받아들일 줄도 알아야죠.

I figure life's a gift and I don't intend on wasting it. You don't know what hand you're gonna get dealt next. You learn to take life as it comes at you.

150 그는 지금 오로지 내 기억 속에서만 존재해요.

He exists now only in my memory.

2-6

사랑은 사람을 바꾼다

〈이보다 더 좋을 순 없다(As Good as It Gets)〉(1997)

감독: 제임스 L. 브룩스 | 주연배우: 잭 니콜슨 | 아카데미 남우주연상

때로 사랑은 인생의 좋은 멘토가 되어주기도 합니다. 왜냐하면 사랑하는 사람을 위해 더 좋은 방향으로 자신을 바꾸는 사람이 있

기 때문입니다.

영화 〈이보다 더 좋을 순 없다〉의 주인공 '멜빈'이 그런 사람입니다. 강박증 증세가 있는 멜빈은 뒤틀리고 냉소적인 성격으로 다른 사람들을 경멸하는 태도를 보이고 신랄한 독설가가 되어 모두를 비꼬는 사람이었습니다. 그런 그가 사랑을 통해 서서히 마음을 열고 변화를 시도하는 모습을 보면서, 우리는 사랑의 힘을 느낄 수 있습니다. 여러분도 누군가를 위해 더 나은 사람이 되고 싶지는 않습니까?

151 나는 당신이 지구상에서 가장 훌륭한 여자라는 걸 아는 오직 한 사람일 수 있어.

I might be the only person on the face of the earth that knows you're the greatest woman on earth.

152 내가 당신을 안다는 그 자체가 기분 좋은 일이야.

And the fact that I get it makes me feel good, about me.

153 그도 이런 나쁜 일들이 모두 좋은 일을 위해 생긴 것이란 걸 알게 될 거예요.

And he'll know that even things like this happen for the best.

154 당신은 내가 더 좋은 남자가 되고 싶게 만들어요.

You make me want to be a better man.

155 내 삶에서 가장 큰 칭찬이에요.

That a maybe the best compliment of my life.

2-7

대문호의
러브스토리

⟨셰익스피어 인 러브(Shakespeare in Love)⟩(1998)
감독: 존 매든 | 주연배우: 기네스 팰트로 | 아카데미 작품상

「로미오와 줄리엣」 등의 비극으로 유명한 셰익스피어가 주인공
인 영화 ⟨셰익스피어 인 러브⟩는 제목처럼 그의 사랑 이야기를 다룹
니다.

극단이 번성하던 엘리자베스 1세 시절, 슬럼프에 빠진 젊은 셰익
스피어는 오디션을 보러 온 부잣집 딸 '바이올라'를 만나 사랑에 빠
집니다. 바이올라를 향한 그의 사랑은 작품으로 승화되어, 그는 「로
미오와 줄리엣」을 쓰게 됩니다. 하지만 바이올라는 약혼자가 있어
두 사람의 사랑은 끝이 정해져 있습니다. 이 영화는 예술가의 비밀
스러운 사랑 이야기를 보여줍니다.

156 사랑은 신분이나 강가를 따지지 않아. 사랑은 여왕과 왕 역을
하는 가난한 떠돌이 사이에도 가능해.

Love knows nothing of rank or riverbank. It will spark between a
queen and the poor vagabond who plays the king.

157 극장은 꿈꾸는 사람들의 것이야. 꿈이 우리에게 뭘 가져왔는지 봐.

The playhouse is for dreamers. Look what the dream brought us.

158 토마스, 내가 그녀의 아름다운 눈동자로 글을 쓴다 해도, 난 그걸 보러 태어난 것이라 알고 있어.

Thomas, if I could write with the beauty of her eyes, I was born to look in them and know myself.

159 작별은 너무도 달콤한 슬픔이기에 내일까지 계속할래요.

Parting is such sweet sorrow, that I shall say good night till it be morrow.

160 안녕, 내 사랑. 천 번의 작별을 고해요.

Goodbye my love. A thousand times goodbye.

2-8

슬픈 인연

〈물랑 루즈(Moulin Rouge!)〉(2001)
감독: 바즈 루어만 | 주연배우: 니콜 키드먼 | 아카데미 미술상

우리는 영화에서 고난을 마주하는 주인공을 보며 카타르시스를 느낍니다. 그래서 금지된 사랑, 현실적 제약을 가진 사랑이 영화에 자주 등장합니다.

영화 〈물랑 루즈〉는 1899년 파리의 가장 화려한 세계 '물랑 루즈'를 배경으로, 최고의 뮤지컬 가수 '샤틴'과 영국의 낭만파 시인 '크리스티앙'의 순수한 사랑을 보여줍니다. 하지만 예술가들의 사랑

엔 슬픈 운명이 놓여 있습니다. 그렇기에 우리는 영화에서 더 열렬한 사랑을 느낄 수 있는 것일지도 모릅니다.

161 사랑은 산소와 같아요. 사랑은 찬란한 것이에요. 사랑은 우리가 있어야 할 곳으로 우리를 이끌어주죠. 당신에게 필요한 건 사랑뿐이에요!

Love is like oxygen. Love is a many-splendored thing. Love lifts us up where we belong. All you need is love!

162 용서하세요, 난 당신의 눈이 무슨 색인지 기억하지 못해요. 다만 분명한 것은 그대의 눈이 가장 아름답다는 사실이에요.

So excuse me forgetting. But these things I do. You see, I've forgotten If they're green or they're blue. Anyway, the thing is what I really mean, yours are the sweetest eyes I've ever seen.

163 밖에는 비가 와도 여긴 천국일세. 사랑과 자유가 있는 곳. 여긴 물랑 루즈!

It's raining outside, but this is heaven. Where there is love and freedom. This is Moulin Rouge!

164 우리 얘기를 글로 써. 그러면 우리는 영원히 함께할 수 있어.

Write about us. Than we can be together forever.

165 세상에서 가장 위대한 일은 사랑하고, 사랑받는 일이다.

The greatest thing you'll ever learn is just to love and be loved in return.

서로를
그리워하는 마음

⟨브로크백 마운틴(Brokeback Mountain)⟩(2005)
감독: 이안 | 주연배우: 히스 레저 | 아카데미 감독상

때로 우리는 우정 이상의 감정을 알아채지 못하고 지나쳐버리기도 합니다. 사랑의 사전적 정의란 '서로를 그리워하는 마음'입니다. 우리는 가족을 사랑하고, 연인을 사랑하고, 친구를 사랑합니다.

영화 ⟨브로크백 마운틴⟩은 사랑과 그리움에 관한 이야기입니다. 눈부신 만년설로 뒤덮인 높은 산과 강 등의 자연 풍경과 잔잔한 슬픔은 이 영화의 매력을 돋보이게 만들어줍니다.

166 사실은, 가끔 당신이 너무 보고 싶어 견딜 수가 없어.

Tell you what. The truth is sometimes I miss you so much I can hardly stand it.

167 당신을 관두는 법을 알았으면 좋겠어.

I wish I knew how to quit you.

168 난 널 보내지 말았어야 했어. 그렇지만 때는 이미 너무 늦었었어.

I shouldn't a let you out a my sight. Too late then by a long, long while.

169 에니스, 여자들은 재미로 사랑하는 게 아니에요.

Ennis, girls don't fall in love with fun.

170 넌 내가 가끔 만나는 친구일 뿐이지만 난 널 20년 동안 그리
워했어!

You're just a friend I meet sometimes, but I've missed you for 20
years!

만남과 이별

〈첨밀밀(恬蜜蜜)〉(1996)
감독: 진가신 | 주연배우: 장만옥

만남에는 이별이 뒤따르기 마련입니다. 하지만 다가올 이별 때
문에 지금 이 순간을 헛되이 보낸다면 후회하게 될 것입니다. 죽음
이 있기에 인생이 빛나듯, 이별이 있기에 사랑이 빛나는 것이 아닐
까요?

영화 〈첨밀밀〉은 10년간 이어지는 만남, 이별, 그리고 운명 같은
재회를 그려냅니다. 메마른 일상을 감성으로 적셔줄 애틋한 사랑 이
야기를 추천합니다.

171 매일 아침 눈을 뜰 때마다 너를 보고 싶어.

每天早上睁开眼睛的时候都想你。

172 처음에 홍콩에 왔을 때, 낡은 작업복 걸치고, 하루에 세 그릇
씩 가득 먹고, 누우면 잠들고 눈뜨면 일했지만, 사는 게 즐거
웠어.

第一次来香港的时候，虽然穿着旧的工作服，一天吃饭满三碗，躺下睡觉，

睁开眼睛工作，但生活很开心。

173 난 더 이상 자신을 속이고 싶지 않아.

我不想再欺骗自己了。

174 당신은 항상 내 곁에 있으면서 나를 웃게 만들려고 해요.

你一直在我身边，想让我笑。

175 네가 날 찾아주지 않을까 봐 두려웠어.

我怕你找不到我。

2-11

꿈과 열정을 가진
예술가

〈라라랜드(La La Land)〉〈2016〉
감독: 데이미언 셔젤 | 주연배우: 엠마 스톤 | 아카데미 감독상

예술가로서의 꿈을 가진 사람들이 만나면 어떤 일이 펼쳐질까
요. 꿈을 꾸는 사람들을 위한 별들의 도시, 〈라라랜드〉의 이야기는
꿈과 열정에서 시작됩니다.

재즈 피아니스트 '세바스찬'과 배우 지망생 '미아'에게 꿈은 성장의 계기가 되기도 하고, 사랑의 장애물이 되기도 합니다. 인생에서 가장 비참한 순간에 만나는 두 사람은 미완성인 서로의 무대를 채워가는 과정을 함께합니다. 〈라라랜드〉는 아름다운 열정과 사랑을 다시 한 번 마음에 품어보게 하는 영화입니다.

176 사람들은 다른 사람들의 열정에 끌리게 되어 있어. 자신이 잊은 걸 상기시켜 주니까.

People are attracted to other people's passions. It reminds me of what I've forgotten.

177 당신 때문에 재즈가 좋아졌어.

I do like Jazz now because of you.

178 꿈을 꾸는 사람들을 위하여. 비록 바보 같은 그들이지만, 아파하는 가슴들을 위하여. 망가진 삶들을 위하여.

Here's to the ones who dream foolish as they may seem. Here's to the hearts that ache. Here's to the mess we make.

179 꿈이란 그런 거야! 갈등하고, 타협하고, 그리고 아주 신나게 하지!

This is the dream! It's conflict and it's compromise, and it's very, very exciting!

180 조금은 미쳐도 좋아. 지금까지 없던 색을 보려면. 그게 우릴 어디로 이끌지는 아무도 몰라. 그래서 우리 같은 사람이 필요한 거야.

A bit of madness is key to give us new colors to see. Who knows where it will lead us? And that's why they need us.

2-12

차이를
뛰어넘은 사랑

〈셰이프 오브 워터(The Shape of Water)〉(2017)
감독: 기예르모 델 토로 | 주연배우: 샐리 호킨스 | 아카데미 작품상

세상에는 여전히 차별이 존재합니다. 나와 다르다는 이유로 이해하지 못하고 공감하지 않는 것입니다. 그러나 우리가 모두 서로 다른 사람들이기 때문에 서로를 사랑할 수 있는 것일지도 모르겠습니다.

영화 〈셰이프 오브 워터〉는 언어장애를 지닌 청소부 '엘라이자'와 수조에 갇힌 채 연구실에 들어온 생명체가 서로 교감하고, 사랑하게 되는 이야기를 다루고 있습니다.

181 내가 불완전한 존재란 걸 모르는 눈빛이에요. 나를 있는 그대로 봐주니까요.

He does not know, what I lack or how I am incomplete. He sees me, for what I am, as I am.

182 지금까지 나의 모든 것, 내가 살아온 모든 것이, 그를 만나기

위함이라고 느껴요.

All that I am, all that I've ever been, brought me here to him.

183 나는 이렇게 미묘하고, 아름다운 것이 죽는 걸 원하지 않아요.

I don't want an intricate, beautiful thing destroyed.

184 나도 그 사람처럼 입을 뻥긋거리고 소릴 못 내요. 그럼 나도 괴물이에요?

I can't talk and talk like him. So I'm a monster, too?

185 그대의 모습을 볼 순 없지만 그대가 내 곁에 있음을 느끼네. 그대의 존재가 사랑으로 내 두 눈을 채우고 내 마음을 겸허하게 하네. 그대가 모든 곳에 존재하기에.

Unable to perceive the shape of You, I find You all around me. Your presence fills my eyes with Your love, It humbles my heart, For You are everywhere.

그 해, 여름 손님

〈콜 미 바이 유어 네임(Call Me by Your Name)〉(2017)
감독: 루카 구아다니노 | 주연배우: 티모시 샬라메 | 아카데미 각색상

사랑을 하는 것은 서로가 되어보는 것이라는 말이 있습니다. 안드레 애치먼의 장편소설 「그해, 여름 손님」을 원작으로 한 영화 〈콜

미 바이 유어 네임〉은 청년과 소년의 사랑을 그리고 있습니다.

아름다운 이탈리아의 여름 풍경을 배경으로 펼쳐지는 묘한 사랑의 긴장감은 관객들에게 깊은 인상을 남기게 합니다. 서로를 자신의 이름으로 치환하여 부르면서, 스스로가 상대방이 되어보는 사랑이야말로 이들이 보여주는 진정한 사랑이 아닐까요?

186 우리는 빨리 치유되기 위해서 자신을 갈기갈기 찢어놓아.

We rip out so much of ourselves to be cured of thing faster.

187 어떻게 살든 네 소관이지만 이것만 명심하렴. 우리의 몸과 마음은 단 한 번 주어진단다.

How you live your life is your business. Just remember. Our hearts and our bodies are given to us only once.

188 지금의 그 슬픔, 그 괴로움 모두 간직하렴. 네가 느꼈던 기쁨과 함께.

Right now there's sorrow. Pain. Don't kill it and with it the joy you've felt.

189 너무 많은 날을 낭비했어요. 왜 신호를 보내지 않으셨어요?

We wasted so many days so many weeks. Why didn't you give me a sign?

190 네 이름으로 날 불러줘. 내 이름으로 널 부를게.

Call me by your name and I'll call you by mine.

엉망이지만,
계속되는 사랑

〈애니 홀(Annie Hall)〉(1977)

감독: 우디 앨런 | 주연배우: 우디 앨런 | 아카데미 작품상

서로 관계를 맺다 보면 문득 상대방의 단점만 보게 될 때가 생깁니다. 처음엔 좋았던 부분마저도 점점 익숙해지고, 못마땅해지기도 합니다. 장점이 있다면 단점이 있기 마련입니다.

영화 〈애니 홀〉에서 주인공들은 10대들처럼 서투르게 관계를 시작하고, 서로의 정체성에 대해 혼란스러워합니다. 자주 부딪히고, 다투지만 관계를 이어나가는 모습은 꽤 현실적으로 우리의 모습을 비추고 있습니다.

191 당신은 사람들의 가장 나쁜 단점만 보는군요.

You always only saw the worst in people.

192 관계란 건, 어찌 보면 상어랑 좀 비슷한 것 같아. 끊임없이 전진하지 않으면 죽는 거지. 그런데 지금 우리의 관계가 바로 죽은 상어 같아.

A relationship, I think, is like a shark. It has to constantly move forward, or it dies. And I think what we got on our hands is a dead shark.

193 나 같은 사람이 회원으로 가입하는 클럽에는 절대 가입하고 싶지 않아. 그것이 여자와의 관계라는 점에서 나의 핵심 농담이라고 할 수 있지.

I would never wanna belong to any club that would have someone like me for a member. That's the key joke of my adult life in terms of my relationships with women.

194 한 남자가 정신과 의사를 찾아가 말했어, "형이 미쳤어요. 자기가 닭이라고 생각해요." 의사가 말하길 "형을 데려오지 그래?" 그러자 그는 얘기했지. "그러면 계란을 못 낳잖아요."

This guy goes to a psychiatrist and says, "Doc, uh, my brother's crazy; he thinks he's a chicken." And, uh, the doctor says, "Well, why don't you turn him in?" The guy says, "I would, but I need the eggs."

195 남녀관계도 그런 것 같아요. 비이성적이고 광적이고 부조리해요. 하지만 어쨌든 계속해서 사랑을 할 것 같아요. 우리에겐 계란이 필요하니까.

Well, I guess that's pretty much now how I feel about relationships. y'know, they're totally irrational, and crazy, and absurd, and… but, uh, I guess we keep goin' through it. because, uh, most of us need the eggs.

내 인생을 망치러 온
나의 구원자

〈아가씨〉(2016)

감독: 박찬욱 | 주연배우: 김민희 | 아카데미 외국어영화상

〈아가씨〉는 마냥 달콤한 로맨스가 아닌 스릴러에 가까운 영화입니다. 세라 워터스의 「핑거 스미스」를 원작으로 각색한 이 영화는 서로를 속고 속이는 등장인물들의 팽팽한 긴장감과 빠른 전개, 반전으로 관객의 눈을 사로잡습니다. 원작 소설과는 사뭇 다른, 자유를 향해 함께 나아가는 연인을 그려내는 스크린은 아름답습니다.

196 염병, 이쁘면 이쁘다고 미리 말을 해 줘야 할 거 아니야. 사람 당황스럽게시리.

He should have told me first that she was pretty. I was embarrassed.

197 내가 지금까지 내 손으로 씻기고 입힌 것 중에 이렇게 예쁜 게 있었나?

Have I ever washed and clothed anything so beautiful with my hands?

198 태어나선 안 되는 아기는 없어요. 갓난아기 하고 얘기할 수만 있었어도, 아가씨 어머니는 이렇게 말했을 거예요. 너를 낳고

죽을 수 있어서 운이 좋았다고. 하나도 억울하지 않다고.

There is no baby that should not be born. If only we could talk to the baby, your mother would have said this. I was lucky to have you and die. It's not unfair at all.

199 숙희야, 내가 걱정돼? 난 네가 걱정돼.

Sook-hee, are you worried about me? I'm worried about you.

200 내 인생을 망치러 온 나의 구원자. 나의 타마코. 나의 숙희.

My savior who came to ruin my life. My Tamako. My Sook-hee.

욕망과 성장

〈가장 따뜻한 색, 블루(Blue Is The Warmest Color)〉(2013)
감독: 압델라티프 케시시 | 주연배우: 아델 에그자르 코풀로스 | 칸영화제 황금종려상

첫사랑이란 강렬한 감정과 욕망을 가져옵니다. 영화 〈가장 따뜻한 색, 블루〉는 문학 소녀인 '아델'이 파란 머리의 대학생 '엠마'를 만나 미지의 사랑을 꿈꾸게 되는 이야기를 다룹니다. 평온하기만 했던 삶이 뜨거운 감정으로 인해 흔들리기 시작하고, 질풍노도의 시기인 만큼 여러 관계에 휩쓸리게 되는 아델의 이야기는 사랑이라는 감정의 복잡함과 욕망을 적나라하게 보여줍니다.

201 사르트르 철학의 핵심은 존재가 본질을 앞선다는 거야. 태어 나자마자 존재는 있지만, 본질은 행동으로 만들어 가는 거지. 그래서 각자 책임이 막중해.

The core of Sartre's philosophy is that existence precedes essence. There is existence as soon as you are born, but the essence is to make it into action. That's why each of us has a lot of responsibility.

202 우는 것에는 이유가 없어. 횡설수설 하는 것은 내 습관이야.

There's no reason to cry. It's my habit to gibberish.

203 사랑엔 성별이 없지.

Love has no sex.

204 바라보는 것만으로도 좋아서 가질 생각도 못했다.

I didn't even think to have it because I liked it just looking at it.

205 너에겐 무한한 애틋함을 느껴. 영원히 그럴 거야. 평생 동안.

I feel infinite affection towards you. It will be forever. All my life.

영원한 우정과 사랑

〈렛미인(Let The Right One In)〉(2008)

감독: 토마스 알프레드슨 | 주연배우: 카레 헤레브란트

어릴 적 한 번쯤 상상해 본 특별한 존재와의 만남을 다룬 영화

〈렛미인〉은 아름다운 영상미와 함께 소년과 소녀의 순수한 사랑을 보여줍니다. 12세 소년인 '오스칼'과 뱀파이어 소녀 '이엘리'는 둘만의 애틋한 우정과 사랑을 간직하게 됩니다. 조용하던 마을에서 일어나는 기이한 살인 사건의 범인인 이엘리와의 사랑은 어떻게 계속될까요?

206 난 너야. 너도 내가 될 수 있어. 잠시만이라도 내가 되어줘.

I'm you. You can be me, too. Be me for a moment.

207 오스칼, 난 평범한 소녀가 아니야. 그래도 이해할 수 있겠니.

Oskar, I'm not an ordinary girl. But can you understand it?

208 그럼 넌 나이가 많아? / 아니, 난 12살이야. 오래전부터 쭉.

So you're old? / No, I'm 12. Since a long time ago.

209 하지만 죽이고 싶어 하잖아. 마음속으론 몇 번이고 죽이지. 하지만 난 살기 위해 죽여야 해.

But you want to kill him. I'll kill you again and again in my heart. But I have to kill to live.

210 빛이 사라지면 너에게 갈게.

I'll come to you when the light disappears.

사랑에 빠지기 충분한 시간

〈비포 선라이즈(Before Sunrise)〉(1995)
감독: 리처드 링클레이터 | 주연배우: 에단 호크

우리기 다른 사람과 사랑에 빠지기까지 걸리는 시간은 얼마나 될까요? 천천히 스며들 듯 사랑에 빠지는 사람도 있고, 영화처럼 한 눈에 반하는 사람도 있습니다.

영화 〈비포 선라이즈〉는 서로에게 첫눈에 사랑에 빠진 연인을 그리고 있습니다. 서로 다른 행선지를 택했던 두 사람이 기차 안에서 우연히 만나 한 곳에서 내리는 것으로 시작하는 이 영화는 두 사람의 풋풋한 사랑으로 이야기를 물들입니다.

211 시간이 지날수록 나는 그가 점점 더 좋아져. 하지만 난 그가 날 무서워할까 봐 불안해.

As the night went on I began to like him more and more. But I'm afraid he's scared of me.

212 이 세상에 어떤 마법이 있다면, 그건 누군가를 이해하고 함께 하려는 시도에 있을 거야. 그게 성공하지 못할지라도.

If there's some magic in this world, it must be in the attempt of understanding someone else, sharing something, even if it's almost impossible to succeed.

213 사람들은 항상 이렇게 말하지. "나는 너를 알고 싶어. 너에 대해." 하지만 누군가에게는 자신조차 아는 것도 힘들어.

People are always saying, "I want to know you, I want to know who you are." But it is so hard for anyone to even know themselves.

214 우리가 함께한 시간은 우리 거야. 우리가 만든… 그건 내가 네 꿈에 있고, 네가 내 꿈에 있는 거랑 같아.

It's like our time together is just ours - it's our own creation. It's like, I'm in your dream and you're in mine.

215 누군가를 사랑하고, 사랑 받는 게 나한테는 정말 중요해. 농담처럼 그런 얘기를 하곤 하지만. 우리가 살면서 하는 모든 행동들은 조금 더 사랑받고 싶어서가 아닐까?

Loving someone and being loved is really important to me. I used to say that as a joke. Isn't everything we do in our lives just because we want to be loved more?

2-19

가장 아름다웠던 순간

〈화양연화(花樣年華)〉(2000)
감독: 왕가위 | 주연배우: 양조위

영화나 소설 속 인물들은 '금기'를 깨기 위해 만들어지기도 합니다. 그래서 로맨스 영화에 이루어질 수 없는 사랑이 자주 등장합니다.

　　영화 〈화양연화〉는 각자의 가정이 있는 두 사람이 품은 애절한 사랑을 그린 작품입니다. 배우자의 부재로 인해 외로움을 품게 된 두 사람은 비슷한 감정을 품고 있어 서로에게 이끌리게 됩니다. 감정이 깊어질수록 조심스러워지고, 다가오는 이별 앞에서 혼란스러워하는 그들의 모습을 잔잔하게 담아낸 이 작품은 '불륜'이라는 관념보다 두 인간의 사랑을 그려냅니다.

216　우린 그들과 다르다 생각했는데… 그들이 어떻게 그렇게 됐는지 알고 싶었어요. 이젠 알 것 같아요. 자신도 모르게 그렇게 된 거죠.

我们以为和他们不同… 我想知道他们是怎么变成那样的。现在好像知道了 不知不觉就那样了。

217　모르죠? 옛날엔 뭔가 감추고 싶은 비밀이 있다면 어떻게 했는지. 산에 가서 나무를 하나 찾아 거기에 구멍을 파고는 자기 비밀을 속삭이곤 진흙으로 봉했다 하죠. 비밀은 영원히 가슴에 묻고…….

不知道吧？以前有什么秘密想隐藏怎么办。到山里找一棵树, 在那里挖了个洞, 然后用自言自语的泥土封上了。秘密永远埋在心底……。

218　내게 자리가 있다면 내게로 올 건가요?

如果我有座位, 你会到我这里来吗？

219　미리 이별 연습을 해 봅시다.

事先练习一下离别吧。

220 그 시절은 지나갔고, 이제 거기 남은 건 아무것도 없다.

那个时期已过,那里现在剩下的什么都没有。

외로움과 연애

〈중경삼림(重慶森林)〉(1994)
감독: 왕가위 | 주연배우: 양조위

사람의 감정을 이해할 수 있을까요? 오늘 다르고 내일 다른 것이 사람 마음입니다. 대부분의 사람들이 연애를 두려워하는 이유 중 하나가 이별의 아픔입니다. 사람들은 이별 후에 찾아오는 고독이란 감정을 두려워합니다.

이별과 외로움, 그리고 새로운 사랑에 대한 독특한 상상력이 담긴 영화 〈중경삼림〉은 쉽게 이해할 수 있는 영화는 아닙니다. 이해하지 못하더라도 마음으로 느낄 수 있는 작품입니다. 사랑이란 원래 그런 것이니까요.

221 사랑에 유효기간이 있다면 나는 만 년으로 하고 싶다.

如果爱情有有效期, 我想成万年。

222 사람은 변한다. 어제 파인애플을 좋아했던 사람이 오늘은 아

닐 수도 있다.

人会变。昨天喜欢菠萝的人可能不是今天。

223 실연으로 낙담에 빠질 때가 있다. 가슴이 아프면 난 조깅을
한다. 조깅을 하면 몸속의 수분이 빠져나간다. 그러면 더 이상
눈물이 나지 않는다.

有时因为失恋而陷入沮丧。心疼的话, 我就慢跑。慢跑会使体内水分流失。
那样就不会流泪了。

224 기억이 통조림이라면 영원히 유통기한이 없었으면 좋겠다.

如果记忆是罐头, 希望永远没有保质期。

225 그 날 오후 꿈을 꾸었다. 그의 집을 방문하는…… 난 깨어날
줄 알았다. 하지만 어떤 꿈은 영원히 깨어날 수 없다.

那天下午做了个梦。拜访他家的……。我以为会醒过来。但是有些梦想是永
远不会醒来的。

2-21

인생을
다시 선택한다면

〈지금, 만나러 갑니다(いま、会いにゆきます)〉(2004)
감독: 도이 노부히로 | 주연배우: 다케우치 유코

인생을 바꾸고 싶다는 생각을 해 본 적 있습니까? 인생을 바꿀 수

있는 분기점에 다시 서게 된다면, 지금과 똑같은 선택을 하게 될까요?

영화 〈지금, 만나러 갑니다〉는 이미 어떻게 될지 알고 있으면서도, 인생을 바꿀 수 있는 시점에 섰음에도 불구하고 기쁜 마음으로 다시 똑같은 선택을 하는 사랑을 보여줍니다. 영원히 간직해도 퇴색되지 않는, 보석 같은 사랑을 그려낸 작품을 지금, 만나러 갑니다.

226 비밀도 있고 부럽구나. 비밀이 있다는 건 좋은 일이란다.

秘密もあって羨ましいな。秘密があるということはいいことだよ。

227 그런 만남을 갖는 사람이 이 세상에 몇이나 있을까요? 만나면 반드시 사랑에 빠지는 사이. 몇 번이라도, 몇 번이라도. 당신들은 만났었던 겁니다. 단 한 명의 상대로서……

そんな出会いをする人がこの世に何人いるでしょうか？会えば必ず恋に落ちる仲。何度でも、何度でも。あなたたちは会ったのです。たった一人の相手として……。

228 너와 만나 결혼하고, 유우지라고 하는 아이를 낳는 인생을 선택하고 싶어. 유우지를 이 세상으로 맞아주고 싶어. 뭐라 해도 내 마음이 그걸 원해.

君と出会って結婚して、裕二という子を産む人生を選択したい。裕二をこの世に迎えてあげたい。何と言っても私の心がそれを望む。

229 행복했어요. 나는 쭉 행복했어요. 당신을 좋아하게 된 후부터 쭉…… 나의 행복은 말예요, 당신이에요. 당신 곁에 있는 게 가장 큰 행복이에요.

幸せでした。私はずっと幸せでした。あなたが好きになってからずっと……。

私の幸せはね、あなたよ。あなたのそばにいるのが一番大きな幸せです。

230 처음부터 다시 사랑하기 위해, 지금 만나러 갑니다.

最初からまた愛するために、今会いに行きます。

첫사랑의 추억

〈러브레터(Love Letter)〉(1995)

감독: 이와이 슌지 | 주연배우: 나카야마 미호

사계절 중 겨울을 좋아하는 사람은 얼마나 있을까요. 따스한 날씨와 흩날리는 꽃잎도, 뜨겁게 쨍한 햇살도, 색색으로 물드는 낙엽도 없습니다. 겨울은 추위와 눈뿐입니다.

하지만 영화 〈러브레터〉를 보고 나면, 겨울의 아름다움과 아릿한 첫사랑의 추억을 되새길 수 있습니다. 사랑하는 연인을 잃은 한 여자와 겨울, 그리고 연인의 첫사랑으로 출발하는 이 영화는 추운 겨울에 따뜻하게 마음을 녹여줍니다.

231 그는 나의 인연이었습니다. 당신이 그리워하고 있는 그는 제 마음속에 살아 있습니다.

彼は私のでした。あなたが懐かしがっている彼は私の心の中に生きています。

232 좋은 추억이 가득해… 그런데도 아직 아쉬운 것이 많아.

いい思い出がいっぱいだ… それでもまだ残念なことが多い。

233 당신은 한눈에 반했다는 말을 믿습니까?

あなたはひと目惚れしたという言葉を信じますか?

234 역시 쑥스러워서 이 편지는 보내지 못하겠습니다.

やっぱり恥ずかしくてこの手紙は送れません。

235 잘 지내나요? 전 잘 지내고 있어요.

お元気ですか? 私は元気です。

우리가
시간 여행을 한다면

〈어바웃 타임(About Time)〉(2013)
감독: 리차드 커티스 | 주연배우: 레이첼 맥아담스

만약 시간여행이 가능한 사람이 한 사람을 사랑한다면 어떤 일이 일어날까요?

영화 〈어바웃 타임〉은 재치 있으면서 뜻 깊은 상상력으로 이야기를 전개합니다. 함께 사는 극작가의 실수를 만회해 주고, 좋아하는 여자와 사랑을 이루기 위해 과거를 수정하는 주인공의 이야기는 영화의 후반부로 갈수록 시간의 소중함을 일깨워줍니다.

우리의 시간은 공평합니다. 주인공이 시간여행을 할 때처럼, 자기 전에 두 주먹을 쥐고 내일의 안녕을 기원하고, 다음 날 만나는 사람에게 웃어준다면 우리의 미래도 조금씩 달라지지 않을까요?

236 우리는 삶 속의 매일을 여행하고 있다. 우리가 할 수 있는 건 이 훌륭한 여행을 즐기기 위해 최선을 다하는 것이다.

We are all travelling through time together, everyday of our lives. All we can do is do our best to relish this remarkable ride.

237 다시 돌아올 두 번의 기회는 없다고 생각하고 삶을 살기를!

Live life as if there were no second chance!

238 그저 내가 이 날을 위해 시간여행을 한 것처럼 매일을 살려고 노력할 뿐이다.

I just try to live everyday as if I've deliberately come back to this one day.

239 당신은 눈이 너무 아름다워요. 얼굴의 다른 부분도 너무 예뻐요. 다른 곳은 보이지도 않아요.

I love your eyes. And I love the rest of your face too. And I haven't even look further down.

240 처음에는 긴장과 걱정 때문에 볼 수 없었던 세상의 아름다움을 느끼면서 말이다.

At first, I felt the beauty of the world that I couldn't see because of tension and anxiety.

모두의 연애

〈500일의 썸머(500 Days Of Summer)〉(2009)
감독: 마크 웹 | 주연배우: 조셉 고든 레빗

운명은 정해진 것이 아니라 우리가 직접 선택하는 것이 대부분입니다. 연애도 마찬가지입니다. 서로가 운명의 상대라고 느낀다면, 그것은 매 순간의 행동과 선택, 그리고 적극성이 반영된 결과라는 것입니다.

영화 〈500일의 썸머〉는 그런 메시지를 담고 있습니다. 우리는 인간이기에 어쩔 수 없이 이기적이고, 또 자신을 중심으로 세상을 해석하려고 합니다. 이 작품을 보고 나면 우리는 주인공과 함께 성장하는 느낌을 받게 됩니다.

241 다들 실감을 못해서 그렇지, 사실 외로움이라는 건 평가절하된 거야.

People don't realize this, but loneliness is underrated.

242 난 엉망이에요. 한쪽으로는 그녀를 잊으려고 하고. 다른 한편으로는 전 우주를 통틀어서 날 행복하게 할 수 있는 건 그녀뿐이란 걸 알아요.

I'm a mess. Trying to forget her on one side. On the other hand, I know she's the only one who can make me happy throughout the universe.

243 다른 식당에 갔다면 어떻게 됐을까? 10분만 늦게 식당에 갔다면? 우리는 만날 운명이었던 거야.

What would have happened if you went to another restaurant? What if I went to the restaurant 10 minutes late? We were meant to meet.

244 그 여자가 오빠가 좋아하는 이상한 것들을 좋아한다고 해서 그 여자가 오빠의 소울 메이트인 건 아냐.

Just because she likes the same bizzaro crap you do doesn't mean she's your soul mate.

245 사랑 같은 건 없어요. 환상이죠. / 당신이 틀렸어요. 언젠간 알게 될 거예요. 그걸 느꼈을 때.

There's no such thing as love. It's Fantasy. / You're wrong. You'll find out someday. When I felt that.

기억을 지운다면…

〈이터널 선샤인(Eternal Sunshine Of The Spotless Mind)〉(2004)
감독: 미셸 공드리 | 주연배우: 짐 캐리 | 아카데미 각본상

영화 〈이터널 선샤인〉은 사랑과 기억에 관해 보여주는 영화입니

다. 특정인에 대한 기억을 지울 수 있다는 설정의 세계관에서, 헤어진 연인에 관한 기억을 지우는 과정이 담긴 이 작품은 추억의 소중함을 느끼게 해 줍니다.

우리 모두 지우고 싶은 기억들이 있습니다. 인간은 완벽한 존재가 아니기 때문입니다. 하지만 지울 수 없는 기억이 있기 때문에 우리는 더 발전하려 하고, 스스로 '나다움'을 찾는 것이 아닐까요?

246 난 겨우 내 앞가림 하는 이기적인 애예요. 완벽하지도 않고. / 당신에 대해 마음에 들지 않는 것이 하나도 없어요.

I'm just a selfish kid who barely takes care of myself. It's not perfect. / I can't see anything that I don't like about you.

247 제발 이 기억만은 남겨주세요. 이 순간만은.

Please let me keep this memory, just this moment.

248 이런 추억이 곧 사라지게 돼. 어떡하지? / 그냥 음미하자.

This memory will soon be gone. What do we do? / Just enjoy it.

249 망각하는 자에 복이 있나니 자신의 실수조차 잊기 때문이라.

Blessed are the forgetful, for they get the better even of their blunders.

250 당신이 누군가를 당신의 마음속에서 지울 수 있지만, 사랑은 지워지지 않는다.

You can erase someone from your mind, getting them out of your heart is another story.

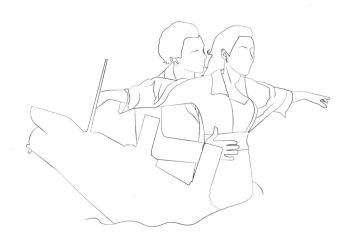

Titanic

타이타닉, 1997

PART 3

인문학적 통찰력을
길러주는 명대사

#인문학 #심오한 #역사

인생은 결국 사람 공부입니다. 자신을 탐구하고, 타인을 탐구하는 긴 여정을 거쳐야 우리는 인생의 지혜를 터득할 수 있습니다.
'인문학'이란 사람에 관한 학문입니다. 인문학을 알아야 진정한 지식인이라고 할 수 있습니다. 영화 예술에서도 철학적인 질문을 많이 던지는 명작이 많습니다. 이러한 명작 영화들은 우리들로 하여금 삶에 대해, 존재에 대해 깊고 심오한 질문을 던지게 만듭니다. 그 질문을 통해 우리는 한 걸음 더 성장한 자신의 모습을 만나게 될 수 있습니다.

3-1

살인마의 심리극

〈양들의 침묵(The Silence of the Lambs)〉(1991)

감독: 조나단 드미 | 주연배우: 안소니 홉킨스 | 아카데미 작품상

절대적인 '악(惡)'은 사람들을 두렵게 합니다. 특히 뉴스나 영화에서 마주하게 되는 살인사건이야말로 큰 두려움을 불러옵니다.

영화 〈양들의 침묵〉은 극악무도하고 차가운 살인마인 '한니발'이 엽기적인 살인사건 수사를 도와주는 내용의 영화입니다. 그는 흉악범 이전에 유능한 정신과 의사라는 능력을 이용하는데, 여기서 우리는 인간의 심리를 분석하는 의미심장한 장면들을 엿볼 수 있습니다.

251 오, 스탈링 요원, 자네는 이렇게 무디고 작은 도구로 나를 분석할 수 있다고 생각하나?

Oh, Agent Starling, you think you can dissect me with this blunt little tool?

252 난 팔 년이나 이 방에 있었지. 클라리스. 난 내가 살아 있을 동안 저들이 절대 날 내보내지 않을 것을 알고 있어.

I've been in this room for eight years now, Clarice. I know they will never ever let me out while I'm alive.

253 내가 원하는 것은 시야야. 난 나무나 심지어 물조차 볼 수 있는 창문을 원해.

What I want is a view. I want a window where I can see a tree, or even water.

254 탐욕이야. 그게 본성이지. 그렇다면 탐욕의 시작은 뭘까, 클라리스? 탐욕을 위해 우리가 무엇을 찾지?

He covets. That is his nature. And how do we begin to covet, Clarice? Do we seek out things to covet?

255 클라리스, 양들이 비명을 멈췄나?

Well, Clarice? Have the lambs stopped screaming?

도시라는 외딴섬

〈크래쉬(Crash)〉(2004)
감독: 폴 해기스 | 주연배우: 산드라 블록 | 아카데미 작품상

도시에서의 삶은 외롭습니다. 철과 콘크리트, 유리로 둘러싸인 건물 속에서 지친 몸으로 살아가는 사람들은 사소한 마찰에도 예민하게 반응하기 마련입니다.

영화 〈크래쉬〉는 여러 인종, 여러 상황에 놓인 인물들의 충돌을 그려내는 작품입니다. 인종과 관련된 사유, 그리고 총격음이 예고하는 비극을 보며 인물들은 각자의 사연을 드러내고 이야기는 긴박하고 긴밀하게 얽힙니다. 살인과 음모, 예측할 수 없는 36시간 동안의

비일상을 그려낸 이 작품 속에서 우리는 분노하고, 때로는 안타까움에 탄식을 내뱉을 것입니다.

256 너는 네가 누군지 알고 있다고 생각하지? 넌 아무것도 몰라.

You think you know who you are hmm? You have no idea.

257 우리는 그 손길이 너무 그리워서 서로 부딪치는 것 같아. 뭔가 느낄 수 있게 말이야.

I think we miss that touch so much, that we crash into each other, just so we can feel something.

258 아빠에게 총이 없어요. 아빠 내가 지켜줄게요. 걱정하지 마세요.

Dad doesn't have a gun. Dad, I'll protect you. Its okay, Dady is okay.

259 LA에서는 아무도 서로를 건드리지 않아. 모두 금속과 유리 속에 갇혀 있지.

We're always behind this metal and glass.

260 항상 화가 나. 그런데 이유를 모르겠어.

I angry all the time. And I don't know why.

3-3

속고 속이는
첩보의 철학

〈디파티드(The Departed)〉(2006)

감독: 마틴 스콜세지 | 주연배우: 레오나르도 디카프리오 | 아카데미 작품상

아군이 있다면 반대편에 적군이 있기 마련입니다. 그리고 그중에는 첩자가 숨어 있을 수도 있습니다. 아군도 믿을 수 없는 상황, 인간은 어디까지 버틸 수 있을까요?

영화 〈디파티드〉에서는 서로 대치중인 갱단과 경찰 사이에 첩자로 심어진 인물들의 이야기를 보여줍니다. 서로의 조직에 위장 침투한 스파이들은 임무를 수행하는 동안 서로의 존재를 확인하고, 일촉즉발의 상황에 도달하게 됩니다. 그리고 조직에 스며들어 흔들리는 주인공의 정체성 또한 이 영화의 메시지를 잘 드러내고 있습니다.

261 경찰이나 범죄자나, 장전된 총 앞에선, 차이점이 뭐야?

Cop or criminal, when you're facing a loaded gun, what's the difference?

262 내 삶의 평화를 위한 거짓말, 난 해요.

Lies for peace in my life, I do.

263 내 기분, 내 기분은… 난 거기 앉아서 대량 살인범과 함께 내 심장은 요동치고, 손은 안정돼 있어. 감옥에서 배운 거 하나야,

내 손은 절대 흔들리지 않아. 절대.

How I feel, How I feel… I'm sitting there, with a mass murderer, my heart is jacked, my hand, steady. That's one thing I learned in prison, my hand never shakes, ever.

264 나는 환경에 지배당하고 싶지 않다. 내가 환경을 지배하고 싶다.

I don't want to be a product of my environment, I want my environment to be a product of me.

265 내가 누군지 알아? 넌 내가 누군지 알 거야.

Do you know who I am? You know who I am.

3-4

살인마의 동전 던지기

〈노인을 위한 나라는 없다(No Country for Old Men)〉(2007)
감독: 에단 코엔 | 주연배우: 토미 리 존스 | 아카데미 작품상

사람은 시간이 흐르면 나이를 먹습니다. 아무도 그 시간을 거스를 수 없습니다. 그렇게 우리는 허무를 맛보며 조금씩 노인이 되어 가는 것입니다. 하지만 그것도 아무에게나 주어진 시간은 아닙니다. '오늘은 어제 죽은 사람이 꿈꾸던 내일이다.'라는 말이 있습니다.

언뜻 보면 단순한 액션과 총격전을 보여주는 듯한 영화 〈노인을 위한 나라는 없다〉는 관객들에게 스릴 그 이상을 보여줍니다. 우연

히 돈가방을 손에 넣게 된 주인공과 그를 찾는 살인마, 그리고 이들의 뒤를 쫓는 보안관의 쫓고 쫓기는 과정에서 던져지는 의미심장한 장면과 대사들을 유심히 눈여겨볼 필요가 있습니다.

266 그러니 다음 수순은 뻔하지? 삶에 미련을 버려. 모양새 나빠지지 않게.

And you know what's going to happen now, Carson? You should admit your situation. There would be more dignity in it.

267 사람들은 늘 똑같이 말해. 늘 "이럴 필요 없잖아요."라고 말해.

They'll always say the same thing. They say you don't have to do this.

268 세월은 막을 수 없는 거야. 너를 기다려 주지 않을 거고. 그게 바로 "허무"야.

You can't stop what's comin. Ain't all waitin' on you. That's "vanity."

269 믿고 따른 룰 때문에 자네가 이 꼴이 되었다면, 그따위 룰을 지켜서 뭘 할 건가?

If the rule you followed brought you to this, of what use was the rule?

270 제자리에 돌려놓기 위해 애쓰는 그 시간 동안 더 많은 것들이 저 문 밖으로 빠져나가 버리더라고.

Well, all the time you spend trying to get back what's been took from you, more is going out the door.

3-5

땅에서 솟은 검은 피

〈데어 윌 비 블러드(There Will Be Blood)〉(2007)

감독: 폴 토마스 앤더슨 | 주연배우: 다니엘 데이 루이스 | 아카데미 남우주연상

자본주의의 역사는 어디서 시작된 걸까요? 그리고 그 자본주의는 우리의 삶을 얼마나 피폐하게 만들 수 있는 것일까요?

영화 〈데어 윌 비 블러드〉는 홀로 아들을 키우며 아무도 거들떠보지 않던 황무지에서 금을 캐던 광부가 석유 유전을 발견하면서 시작되는 이야기입니다. 하루아침에 석유부자가 된 이들 부자는 야심찬 석유 개발과 함께 야망과 꿈을 품게 되지만, 어느새 그깃들은 탐욕과 폭력으로 바뀌게 됩니다. 결국 이들 부자 사이를 금이 가게 만드는 잔혹한 이야기는 우리로 하여금 많은 것을 느끼게 합니다.

271 난 나와 경쟁한다. 다른 누구도 성공하지 않길 바란다. 나는 대부분의 사람들이 싫다.

I have a competition in me. I want no one else to succeed. I hate most people.

272 너한테도 나한테도 밀크셰이크가 있어. 그런데 난 내 빨대를 가지고 너의 밀크셰이크에 꽂아 다 먹어버리지.

If you have a milkshake and I have a milkshake and I have a straw and my straw reaches across the room and starts to drink your milkshake.

273 인간들을 볼 때면, 거기서 좋아할만한 구석이라곤 아무것도 없어.

There are times when I look at people and I see nothing worth liking.

274 신께서 너같이 멍청한 인간을 구원해 주실 거라 생각하나?

Do you think God is going to save you for being stupid?

275 다 끝났네. 나는 내 자식을 버렸다. 나는 내 아들을 버렸어!

I'm finished. I've abandoned my child. I abandoned my boy!

3-6

인생에서 얻는 것

〈벤자민 버튼의 시간은 거꾸로 간다(The Curious Case of Benjamin Button)〉(2008)
감독: 데이빗 핀처 | 주연배우: 브래드 피트 | 아카데미 분장상

만약 나이를 거꾸로 먹는다면, 어떤 모습의 인생이 펼쳐질까요? 노인으로 태어나 점점 어려지는 걸 구체적으로 상상해 보기란 어려운 일입니다. 어쩌면 풍부한 경험과 건강한 신체를 가질 수 있어 좋을지도 모르겠죠.

그런 기묘한 상상력을 발휘한 작품 〈벤자민 버튼의 시간은 거꾸로 간다〉는 80세 노인으로 태어난 사내가 점점 젊어지면서 사랑에

빠지고, 인생을 살아가는 이야기를 다루고 있습니다. 주인공이 60대의 외모를 가졌을 때 처음 만난 6세 소녀 '데이지'가 숙녀가 되고, 청년이 된 주인공은 그녀를 만나 사랑에 빠지지만 둘의 시차는 거스를 수 없습니다. 이 영화는 우리의 상상력과 인생에 관한 사유를 키워줍니다.

276 네가 원하는 누구든지 되기에 절대로 늦거나, 절대로 이른 경우는 없다.

It's never too late or, in my case, too early to be whoever you want to be.

277 우린 살아가면서 끝없이 상호작용을 한다. 우연이든 고의든 그걸 막을 방법은 없다.

We interact endlessly in our lives. There's no way to prevent it, accidentally or deliberately.

278 현실이 싫으면 미친개처럼 날뛰거나 욕하고 신을 저주해도 돼. 하지만 마지막 순간에는 받아들여야 해.

If we don't like the reality of life, we can run wild or curse God like crazy dogs. But you have to accept it at the last minute.

279 영원한 건 아무것도 없어. 슬픈 일이지.

Nothing lasts forever. It's sad.

280 누군가는 강가에 앉으려고 태어나고, 누군가는 번개를 맞고, 누군가는 음악에 조예가 깊고, 누군가는 수영을 하고, 누군가

는 셰익스피어를 읽고, 그리고 누군가는 춤을 춘다.

Some are born to sit by the river, some are struck by lightning, some are music savvy, some swim, some read Shakespeare, and some dance.

스포트라이트를 향한 갈망

〈버드맨(Birdman)〉(2014)

감독: 알레한드로 곤잘레스 이나리투 | 주연배우: 마이클 키튼 | 아카데미 작품상

연예인은 사람들의 관심을 받고, 그 관심과 사랑으로 살아가는 사람이라고 할 수 있습니다. 그리고 유명 연예인에게는 전성기가 있습니다. 연예인으로서 사랑받는 것에 대한 강박을 가지게 된 한 남자의 이야기 〈버드맨〉은 가슴 한 켠을 짠하게 만드는 영화입니다.

슈퍼히어로 '버드맨'으로 톱 스타가 되었지만, 지금은 잊힌 배우 '리건 톰슨'은 다시 꿈과 명성을 되찾기 위해 브로드웨이 무대에 도전합니다. 하지만 현실은 차갑습니다. 꿈의 중요성을 일깨워주는 영화 〈버드맨〉에서 리건은 예전처럼 다시 날아오를 수 있을까요?

281 모든 존재는 사람들이 그것에 대해 평가하는 말이 아닌, 그 자

체로서 존재한다.

A thing is a thing, not what is said of that thing.

282 스마트폰 속의 세상이 아닌 진짜 세상을 경험해 봐. 나 말고 아무도 진실에 관심이 없는 거야?

Stop viewing the world through your cell phone screen! Have a real experience! Does anybody give a shit about the truth other than me?

283 사람들은 이런 걸 좋아하지. 피와 액션을 좋아한다고. 말 많고 우울한 철학 따위엔 관심이 없어.

They love this shit. They love blood. They love action. Not this talky, depressing, philosophical bullshit.

284 이건 나는 게 아냐. 멋있게 떨어지는 거지.

It's not flying. It's going to fall off nicely.

285 인생이란 걸어 다니는 그림자일 뿐. 뽐내고 떠들어대지만, 시간이 지나면 말없이 사라져버리는 가련한 배우에 불과하다.

Life is but a walking shadow, a poor player that struts and frets his hour upon the stage and then is heard no more!

인생의 암호를 해독하다

〈이미테이션 게임(The Imitation Game)〉(2014)

감독: 모튼 틸덤 | 주연배우: 베네딕트 컴버배치 | 아카데미 각색상

역사 속에는 여러 위인이 있습니다. 그리고 그 위인을 다루는 전기 영화 또한 많이 제작되었습니다. 사상 최악의 전쟁인 제2차 세계대전에서 절대 해독이 불가능한 암호 '에니그마'를 해독한 천재 수학자 '앨런 튜링'도 그중 한 명입니다.

연합군의 편에서 독일의 무차별 살상을 막기 위해 모인 수학자들은 암호 해독을 위해 힘썼고, 승리로 이끕니다. 하지만 앨런 튜링은 동성애자라는 이유로 처벌을 받게 되고, 독사과로 자살합니다. 아이폰을 출시했던 애플 사의 초반 로고가 무지개색 사과였던 이유는 앨런 튜링을 기리기 위해서라는 말도 있다고 합니다. 〈이미테이션 게임〉은 그의 역사적인 업적을 영화로 접할 수 있게 만들어졌습니다.

286 기계가 사람처럼 생각하는 게 가능해?

Could machines ever think as human beings do?

287 가끔은 생각지도 못한 누군가가 생각지도 못한 일을 하잖아.

Sometimes it is the people no one imagines anything of who do the things that no one can imagine.

288 만약 정말로 퍼즐을 풀고 싶다면, 너는 네가 얻을 수 있는 모

든 도움을 필요로 할 거야. 그리고 그들이 너를 좋아하지 않으면 그들은 당신을 돕지 않을 거야.

If you really want to solve your puzzle, then you will going to need all the help you can get. And they are not going to help you, if they do not like you.

289 평범하지 않다는 걸 알아요. 하지만 누가 평범한 걸 좋아할까요?

I know it's not ordinary. But who ever loved ordinary?

290 이 세상은 당신이 평범하지 않았기 때문에 더 나은 곳이 되었어요.

The world is an infinitely better place precisely because you weren't.

사랑과 자아의 성장

〈문라이트(Moonlight)〉(2016)
감독: 배리 젠킨스 | 주연배우: 에쉬튼 샌더스 | 아카데미 작품상

한 사람이 성장하고, 누군가를 사랑하는 일은 지극히 인간적입니다. 가난한 집에서 태어난 소년이 흑인이자 동성애자로서 받는 차별을 담담한 시선으로 그려낸 영화 〈문라이트〉는 애틋한 감정을 토대로 관객에게 울림을 줍니다. 마냥 슬픈 감정만 담아내지 않고 인

간의 입체적인 면모를 보여준 이 영화는 아름다운 영상미와 함께 평화의 메시지를 전해 주고 있습니다. 사람에게는 여러 가지 정체성이 주어집니다. 그것을 받아들이는 순간, 자아는 성장합니다.

291 오래도록, 나는 잊으려 했어. 모든 것들, 모든 순간들을 잊으려 했어. 좋든 나쁘든… 모든 것들을.

For a long time, tried not to remember. Tried to forget all those times. The good… the bad. All of it.

292 아니, 넌 호모가 아니야. 넌 게이가 될 수 있지만, 그렇다고 다른 이들이 널 호모라고 부를 수는 없어.

No. You're not a faggot. You can be gay, but you don't have to let nobody call you a faggot.

293 너는 날 움직인 유일한 단 한 사람이야. 유일한 단 한 사람.

You're the only man who ever touched me. The only one.

294 때때로 넌 스스로 무엇이 될지를 정해야만 할 순간이 올 거야. 절대 그 누구도 그 결정을 너 대신 해 줄 수는 없어.

At some point, you gotta decide for yourself who you're going to be. Can't let nobody make that decision for you.

295 너무 많이 울어서, 때로는 내가 눈물방울로 변해버릴 것 같은 느낌이 들어.

I've cried too much sometimes I feel like I'm just gonna turn into drops.

외계인과의 접촉

〈**컨택트**(Arrival)〉(2016)

감독: 드니 빌뇌브 | 주연배우: 에이미 아담스 | 새턴 어워즈 최우수 각본상

살면서 한 번쯤, 이 광활한 우주에 우리 말고도 다른 생명체가 있지는 않을지 상상해 본 적 있을 것입니다. 외계인의 존재 말입니다. 그동안 많은 매체들이 상상 속의 외계인을 소재로 다양한 이야기를 들려주었습니다.

영화 〈컨택트〉도 그중 하나입니다. 주인공 '앨리'는 직녀성으로부터 정체모를 메시지를 수신 받게 되는데, 그것은 은하계를 왕래할 수 있는 운송 수단을 만드는 설계도였습니다. 인류와 외계인에 관한 철학적 사유를 보여주는 이 영화는 감동과 평화의 메시지를 느끼게 해 줍니다.

296 이제 나는 시작과 끝이 있다는 것을 확신할 수 없어. 네가 죽은 후에 너의 이야기를 하는 날이 있지. 그들이 도착한 날부터 시작된 이야기처럼.

And now I'm not so sure I believe in beginnings and endings. There are days that define your story beyond your life. Like the day they arrived.

297 당신의 인생을 전부, 처음부터 끝까지 알 수 있다면, 그걸 바

꾸겠어요?

If you could see your whole life from start to finish, would you change things?

298 네 삶 너머에도 너의 이야기는 존재해.

Your story exists beyond your life.

299 결과를 알고 있음에도, 어떻게 흘러갈지 알면서도, 나는 모든 걸 껴안을 거야.

Despite knowing the journey and where it leads, I embrace it.

300 언어는 문명의 시초야. 사람들을 하나로 만들어 주고, 싸움이나 분쟁에서 처음 사용된 무기이기도 하지.

Language is the foundation of civilization. It is the glue that holds a people together. It is the first weapon drawn in a conflict.

역사의 소용돌이 속
예술과 사랑

〈패왕별희(霸王別姬)〉(1993)

감독: 천카이거 | 주연배우: 장국영 | 칸영화제 황금종려상

천카이거의 예술 영화 〈패왕별희〉는 중국의 전통극인 경극을 소재로 하는 작품입니다. 중국의 역사는 한국 못지않게 뜨겁고, 많은

피와 변화를 경험한 역사입니다. 그런 역사의 흐름에 예술가로서, 한 사람을 사랑하는 사람으로서 내던져진 주인공 '청데이'는 경극에 인생을 바친 인물입니다. 아름다운 영상과 전통 음악, 그리고 끊임없이 일어나는 역사적 사건과 그에 따른 인물들의 갈등과 희생은 관객으로 하여금 이 영화에 집중하게 만듭니다.

301 일 년, 한 달, 일 분, 일 초라도 함께 하지 않으면 그건 일생이 아니야!

一年，一个月，一分一秒都不在一起，那不是一生！

302 한 번 웃으면 영원한 봄이요, 한 번 울면 영원한 근심이라.

笑一次是永远的春天，哭一次是永远的忧愁。

303 재앙이 하늘에서 떨어진다고? 재앙은 스스로가 한 걸음 한 걸음 다가가는 거야. 인과응보라고!

祸从天降？灾难是自己一步一步逼近的。因果报应以为！

304 왜 항상 우희만 죽어야 되는 거지?

为什么总是只有虞姬死呢？

305 우리 평생 함께 노래하면 안 될까? 반평생이나 함께 노래했잖아.

我们能一辈子在一起唱歌吗？我们一起唱了半辈子歌。

아픈 역사를 가진 민족

〈보리밭을 흔드는 바람(The Wind That Shakes the Barley)〉(2006)
감독: 켄 로치 | 주연배우: 킬리언 머피 | 칸영화제 황금종려상

우리는 한국의 역사를 잘 알고 있지만, 다른 나라의 역사에 대해서는 비교적 모르는 것이 많습니다. 머리로는 알고 있다고 해도 감정적으로 이입하기 어려울 수도 있습니다.

그런 어려움을 극복하고 인류 보편의 감정을 자극하는 영화 〈보리밭을 흔드는 바람〉은 아일랜드인의 독립 투쟁 이야기입니다. 영국으로부터 평화 조약을 맺게 된 아일랜드 또한 한국처럼 이념 대립으로 인해 많은 사람이 희생되었습니다. 한 형제의 비극을 통해 역사적 사건을 비판하는 이 영화는 많은 것을 느끼게 해 줍니다.

306 난 몽상가가 아냐. 현실주의자라고.

I'm not a dreamer, I'm a realist.

307 우리를 이렇게 훼손하고 어떻게 사람들의 신뢰를 지킬 거죠?
우린 그들의 신뢰를 우리 손에 든 무기로 지켜나갈 겁니다.

How do we maintain the trust of the people if you undermine us?
We maintain their trust with weapons in our hands.

308 한 가지 이해가 안 되는 게 있는데, 왜 항상 "노동신문"을 "공화주의" 위에다 놓는 거야?

One thing I don't understand, why do you always put Labour above the Republic?

309 우린 참 이상한 존재야, 우리 자신에게 마저도.

Strange creatures we are, even to ourselves.

310 네가 싸우는 상대를 알기는 쉽지만, 네가 왜 싸우는지는 알기 어렵다.

It's easy to know what you're against, quite another to know what you are for.

가족이란 무엇인가

〈어느 가족(万引き家族)〉(2018)

감독: 고레에다 히로카즈 | 주연배우: 릴리 프랭키 | 칸영화제 황금종려상

우리는 태어날 때부터 작은 사회 집단에서 살아가게 됩니다. 아기는 혼자서 자라지 못하기 때문입니다. 그 집단의 대부분이 혈연으로 이어져 있고, 우리는 그 집단을 '가족'이라고 부릅니다. 우리는 가족을 사랑합니다. 그런데 가족이란 무엇일까요? 꼭 혈연으로 이어져 있어야 가족이라고 불릴 수 있는 걸까요?

영화 〈어느 가족〉은 가족이란 무엇인가 생각하게 하는 이야기이면서, 아버지가 되려는 남자의 이야기이기도 하고, 소년의 성장 이야

기이기도 합니다.

311 '사랑하니까 때린다'는 건 거짓말이야.

「愛してるから殴る」のは嘘だ。

312 진열되어 있는 물건들은 아직 누구의 것도 아니래. 아저씨가
그랬어.

陳列されている物はまだ誰の物でもないんだって。おじさんが言った。

313 스스로 선택하는 쪽이 더 강하지 않겠어? 유대, 정 같은 거.

自分で選ぶ方がもっと強くない？絆、情とか。

314 버린 게 아니라 주워온 거예요. 버린 사람은 따로 있는 거 아
닌가요?

捨てたのではなく、拾ってきたのです。捨てた人は別にいるんじゃないですか。

315 피로 이어지지 않은 가족이어서 좋은 점도 있어. 서로 기대하
지 않아도 괜찮아.

血が続がっていない家族なので、いいところもある。お互いに期待しなくても
大丈夫。

계급 사회의 잔혹함

〈기생충〉(2019)

감독: 봉준호 | 주연배우: 송강호 | 칸영화제 황금종려상

자본주의 사회에서 우리는 누구나 부자가 되고 싶어 합니다. 부자가 되면 부족함 없는 인생을 살 수 있다고 생각합니다. 그리고 그것은 어느 정도 사실입니다. 또한 사람들은 돈이 된다면 무엇이든 하고, 돈을 가진 사람에게 복종하는 면모를 보입니다.

영화 〈기생충〉은 그런 사회적 계급을 극단적으로 보여줍니다. 가난한 가족이 어떻게 '을'의 전쟁에 참여하게 되는지 보여주는 이 영화는 블랙코미디를 통해 씁쓸한 진실을 우리에게 알려줍니다.

316 가장 완벽한 계획이 뭔지 알아? 무계획이야. 계획을 하면 모든 계획이 다 계획대로 되지 않는 게 인생이거든.

Do you know what the most perfect plan is? No plan. Life is about planning and not everything goes as planned.

317 근본적인 대책이 생겼어요. 돈을 아주 많이 버는 거예요.

We have a fundamental solution. It makes a lot of money.

318 부자는 다 착하더라. 돈이 다리미라고, 돈이 주름살을 쫘악 펴줘.

Rich guys are all nice. Money is an iron, money spreads out wrinkles.

319 당신은 바퀴벌레야. 불빛이 켜지면 숨어버리는.

You're a cockroach. When the lights come on, they hide.

320 나가는 순간 깨달았지. 내가 갈 곳이 없다는 걸.

I realized the moment I left. I have nowhere to go.

전쟁과 역사,
그리고 인생

〈붉은 수수밭(红高粱)〉(1988)

감독: 장이머우 | 주연배우: 공리 | 베를린영화제 황금곰상

중국인 최초로 노벨문학상을 받은 모옌의 동명 소설을 원작으로 한 영화 〈붉은 수수밭〉은 시골의 양조장을 배경으로 중국의 아픈 역사를 보여주는 작품입니다. 인생의 희로애락과 인간의 생명력을 수수밭이라는 은유로 표현한 이 작품은 인생의 불운에도, 일본군의 잔혹함에도 굴하지 않고 인생을 이끌어낸 인물들의 이야기를 보여줍니다.

〈붉은 수수밭〉은 전쟁의 상처가 한 가족의 삶에 어떻게 파고들었는지 보여주면서 역사적으로 성찰하게 만드는 작품입니다.

321 만일 당신이 진짜 남자라면 이 술을 마셔요. 내일 아침 일본

군 트럭에 폭탄을 던져요.

如果你真的是男人就喝这酒。明天早上把炸弹扔给日军扔吧了。

322 엄마! 천국으로 가세요! 넓은 길 위의 큰 배처럼, 잘생긴 말과 함께…… 어려운 일 잊으시고 푹 쉬세요.

妈妈!去天堂吧!像宽阔的马路上的大船一样, 和帅气的马 一起……。 忘掉困难的事情, 好好休息吧。

323 저도 여러분처럼 가난하게 자랐어요. 마님이라고 부르지 말아요.

我也和大家一样, 过着贫穷的生活。别叫我太太。

324 군청의 기록을 보니 이렇게 쓰여 있더군요. "일본군은 중국인을 40만 이상 동원해 군용도로를 건설했다. 그 중 수많은 땅이 훼손되고 수천 명이 살생되었다."

军厅的记录上这样写着。「日军动员了40多万中国人修建了军用道路。其中许多土地被毁坏, 数千人被杀生。」

325 라오한은 생피를 벗기는 동안 숨이 끊어질 때까지 일본군을 저주했고 두려워하지 않았다고 합니다.

据说, 老韩在剥皮的时候, 一直诅咒日军直到断气, 并毫不畏惧。

분노와 괴로움

〈쓰리 빌보드(Three Billboards Outside Ebbing, Missouri)〉(2017)
감독: 마틴 맥도나 | 주연배우: 프란시스 맥도맨드 | 아카데미 작품상

가족을 잃은 슬픔은 때로 분노로 바뀌게 됩니다. 살인 사건으로 인해 딸을 잃은 주인공 '밀드레드'는 범인을 잡지 못한 것에 분노하며 아무도 사용하지 않던 대형 광고판에 세 줄의 광고를 싣게 됩니다. 그 광고를 시작으로 전개되는 이야기는 온갖 분노와 사람들의 증오심을 보여줍니다. 과연 다수의 평화가 옳은 것일까요?

관객에게 어떤 감정적 딜레마를 전하는 이 영화는 인간의 복잡한 감정을 관철하며 많은 생각을 하게 합니다.

326 우린 천국에서 만나게 될 거야. 만일 천국이 없다면 당신과 있었던 곳이 천국이었어.

And maybe I'll see you again if there's another place. And if there ain't, well, it's been heaven knowing you.

327 분노는 더 큰 분노를 야기시키죠.

It just begets greater anger.

328 사람들 눈에 띄게 하면 할수록 그것을 해결할 수 있는 기회는 더 많아져.

The more you keep a case in the public eye, the better your chances are of getting it solved.

329 증오로는 아무것도 해결 못 해. 침착함과 생각이 해결하지.

Hate never solved nothing. But calm did. And thought did.

330 형사가 되려면 사랑이 필요해. 사랑에서 침착함이 나오고 침착함에서 생각이 나오지.

But what you need to become a detective is love. Because through love comes calm, and through calm comes thought.

3-17

연대의 아름다움

〈런던 프라이드(Pride)〉(2014)
감독: 매튜 워처스 | 주연배우: 벤 슈네처

　세상에는 여러 약자, 소수자가 존재합니다. 우리가 살면서 본 적 없다고 해도 그들은 우리와 같은 세상을 살아가고 있습니다. 영화 〈런던 프라이드〉는 그런 약자들의 아름답고 유쾌한 연대를 그려냅니다. 1984년, 영국의 석탄 노동조합이 장기 파업에 들어서며 정부와 대립하는 상황이 일어나자 광부들은 어려움에 처합니다.

　이런 광부들을 도와주러 가는 주인공 '마크'와 친구들은 성소수자입니다. 처음에는 그들의 도움을 거절하던 사람들도 점차 마음을 열어가고, 그 과정은 우리에게 어떤 감동을 전해 줍니다. 혐오를 넘어서 연대하는 것이 우리가 강해질 수 있는 힘입니다.

331 피켓을 들던 들지 않던 우리가 함께 한다는 것이 중요한 거예요.

Whether we march with banners or without, the important thing is that we march together, all of us.

332 내가 웨일스에 있어! 그리고 나를 숨기고 내가 아닌 척하지 않아도 돼. 나는 집에 왔어! 그리고 난 게이야! 내가 웨일스에 있어!

I'm in Wales! And I don't have to pretend to be something that I'm not. I'm home! And I'm gay! And I'm Welsh!

333 당신들이 우리에게 준 것은 돈 이상의 우정입니다. 전쟁을 치를 때, 당신보다 힘이 좋고 강한 상대를 만난 상황에서 있는 줄도 몰랐던 지원군을 만난다면, 세상을 다 가진 기분이 들겁니다. 감사합니다.

What you've given us is more than money. It's friendship. When you're in a battle against an enemy so much bigger, so much stronger than you, well, to find out you had a friend you never knew existed, well, that's the best feeling in the world. So thank you.

334 우리가 행진하고 행진할 때, 여자도 남자들을 위해 싸운답니다. 남자도 여자가 낳은 아이니 우리가 돌봐야 하지 않겠어요. 우리의 삶이 착취당하지 않기를 태어날 때부터 숨이 다하기 전까지 가슴도 몸만큼 허기지답니다. 빵과 장미를 함께 주세요.

As we go marching, marching. We battle too for men, For they are women's children. And we mother them again. Our lives shall not be sweated, From birth until life closes. Hearts starve as well as bodies. Give us bread, but give us roses.

335 노동 운동이란 그런 거예요. 서로를 지지하고, 당신이 누구든, 어디서 왔든, 어깨를 맞대고 손을 맞잡아야 해요.

That's what the labor movement means. Should mean. You support me, I support you, whoever you are, wherever you come from, shoulder to shoulder, hand to hand.

3-18

복잡한 사랑과 갈등

〈클로저(Closer)〉(2004)

감독: 마이크 니콜스 | 주연배우: 나탈리 포트만

때로 사랑으로 이루어진 인간관계는 불안정할 때가 많습니다. 왜냐하면 사랑이란 감정은 어렵고, 복잡하고, 변덕을 부리고 변화무쌍하기 때문입니다. 불타오르다 한 순간 재가 된 것처럼 사라지기도 하는 것이 사랑입니다.

런던의 도심 한복판, 부고 기사를 쓰지만 소설가가 꿈인 주인공 '댄'은 출근길에 마주친 스트립 댄서 '앨리스'와 사랑에 빠집니다. 그녀의 삶을 소재로 한 소설로 데뷔한 댄은 표지 사진을 찍기 위해 만난 사진작가 '안나'를 사랑하게 되고 이야기는 점점 복잡해져갑니다. 어디로 튈지 모르는 큐피드의 장난처럼 연속되는 이야기와 명대사를 통해 우리는 관계와 감정, 신뢰에 대해 성찰해 볼 수 있습니다.

336 안녕, 낯선 사람.

Hello Stranger.

337 모두가 거짓말이에요. 사진은 슬픈 순간을 너무 아름답게 찍죠. 그 안의 사람들은 너무 슬프고 괴로운데도. 그리고 예술을 좋아한다는 사람들은 그것을 보고 감동을 받겠죠.

It's a lie. It's a bunch of sad strangers photographed beautifully, all the glittering assholes who appreciate art say it's beautiful cause that's what they wanna see.

338 거짓말은 여자가 옷을 벗지 않고서 할 수 있는, 최고로 재미있는 거죠.

Lying is the most fun a girl can have without taking her clothes off.

339 어디 있어? 사랑이 어디 있어? 볼 수도 만질 수도 느낄 수도 없어! 몇 마디 말은 들리지만 그렇게 쉬운 말들은 공허할 뿐이야. 뭐라고 말하든 이제 늦었어.

Where is this love? I can't see it. I can't touch it. I can't feel it. I can hear some words, bet I can't do anything with your easy words. Whatever you say, it's too late.

340 돌아가면 진실을 꼭 말해 줘. 난 진실에 중독됐으니까.

When I get back, please tell me the truth. Because I'm addicted to it.

한 아이의
아버지가 되는 일

〈그렇게 아버지가 된다(そして父になる)〉(2013)

감독: 고레에다 히로카즈 | 주연배우: 후쿠야마 마사하루

　　자신을 닮은 똑똑한 아들, 그리고 사랑스러운 아내와 함께 만족
스러운 삶을 누리고 있던 주인공은 어느 날 병원으로부터 한 통의
전화를 받게 됩니다. 6년간 키운 아들이 병원에서 뒤바뀐 아이라는
것입니다. 삶의 방식이 너무나도 다른 가족과 함께 살고 있는 친아
들을 만난 주인공은 고민과 갈등에 빠지게 되는데요.

　　'가족'이 가지는 의미에 대해 깊게 고민하고 그것을 자신만의 색
채로 영화에 담아내는 고레에다 히로카즈 감독의 작품인 〈그렇게
아버지가 된다〉는 우리에게도 질문을 던집니다.

341 아빠라는 노릇도 그 어떤 것으로도 대신할 수 없지.

お父さんという役割もそのどんなものでも代えられない。

342 어른이 되기 위한 미션이야. 외로워도 울거나 전화하지 마.

大人になるためのミッションだよ。寂しくても泣いたり電話するな。

343 그런데 왜 여태 깨닫지 못했을까? 난 엄마인데 말야.

ところでどうして今まで気づかなかったのか？私はお母さんなのにね。

344 실패한 적이 없는 놈은 다른 사람의 감정은 안중에도 없구만.

失敗したことがないやつに他人の感情は眼中にもないな。

345 신기하네요. 난 케이타 얼굴을 보고 류세이라 이름 지었는데,
이젠 어딜 봐도 케이타의 얼굴이에요.

不思議ですね。私は慶太の顔を見て柳生と名付けましたが、今はどこを見て
も慶太の顔です。

악의 평범성

〈한나 아렌트(Hannah Arendt)〉(2012)
감독: 마가레테 폰 트로타 | 주연배우: 바바라 수코바

'악의 평범성'이라는 개념을 아십니까? 독일계 유대인 철학자이
자 정치 사상가인 한나 아렌트가 만들어낸 개념인 '악의 평범성'은
말 그대로 악인의 평범함에 관한 말입니다. 악인은 특별하지 않으며,
우리 또한 스스로 도덕적 사유를 하지 않으면 쉽게 악행을 저지를 수
있다는 경각심을 가져야 한다는 것이 한나 아렌트의 주장이었습니다.

사회적 반감과 살해 위협 속에서도 자신의 주장을 굽히지 않았

던 그녀의 역사를 영화로 담아낸 작품 〈한나 아렌트〉는 우리로 하여금 철학적인 담론을 일깨워줍니다.

346 나한테서 사유를 배우고 싶다고요? 사유란 외로운 작업입니다.

You want to learn the reason from me? Reason is lonely work.

347 나치의 이런 전형적인 주장은 이 세상에서 가장 끔찍한 악행엔 행위자가 없다는 사실을 보여줍니다. 동기도 없고 확신도 없고 심술도 악의도 전혀 없는 사람들, 개인이길 거부한 사람이 이런 악행을 저지릅니다. 이런 현상을 나는 '악의 평범성'이라고 부르고 싶습니다.

This typical Nazi argument shows that there is no actor in the world's most terrible evil deed. People who have no motive, no conviction, no malice, no ill will, and no individual do this evil. I want to call this phenomenon 'banality of evil'.

348 아이히만은 한 개인이 되는 것을 거부함으로써 오직 하나뿐인 인간의 특징인 '사유하는 능력'을 완전히 포기했습니다. 그 결과 그는 도덕적인 판단을 내릴 수 없었죠.

By refusing to become an individual, Eichmann completely gave up the only human characteristic, 'the ability to reason'. As a result, he couldn't make a moral judgment.

349 온 세상이 나를 틀렸다고 하지만, 아무도 내 오류를 잡아내지 못했어. 악은 평범하면서 동시에 근본적일 수 없어. 악은 늘 극

단적일 뿐 근본적이지 않아.

The whole world says I'm wrong, but no one's caught my error. Evil can't be normal and fundamental at the same time. Evil is always extreme and not fundamental.

350 깊고도 근본적인 건 언제나 선뿐이야.

Deep and fundamental is always good.

인생은 놀이터이다

〈미스터 노바디(Mr. Nobody)〉(2009)

감독: 자코 반 도마엘 | 주연배우: 자레드 레토

"모든 선택은 선택하지 않은 것들을 감당하는 것이다."라는 말이 있습니다. 인생은 선택의 연속이고, 선택한 이후에는 선택하지 않은 것이 생기기 마련입니다.

영화 〈미스터 노바디〉는 이런 인생의 선택에 관한 이야기를 독특하게 풀어내고 있습니다. 만약 그 선택을 되풀이해서 여러 번의 인생을 살 수 있게 된다면 어떨까, 라는 질문으로 출발한 이 작품 속에서 주인공은 세 번의 사랑을 하고 아홉 개의 삶을 살아옵니다. 그리고 그중 무엇이 가장 행복했는지 질문을 던집니다. 결국 인생은 되돌릴 수 없는 흐름을 즐기며 살아가야 한다는 메시지가 느껴지는 작품입니다.

351 이건 모든 학교 칠판에 쓰여져야 해. "인생은 놀이터일 뿐이다."

It should be written on every schoolroom blackboard. "Life is a playground or nothing."

352 왜 우리는 과거를 기억하면서 미래는 모르는 걸까?

Why do we remember the past but not future?

353 모두 되돌릴 수 없어요. 아빠의 담배 연기도 되돌아갈 수 없죠. 그래서 선택이 어려운거죠.

It's all irreversible. Dad's cigarette smoke can't go back either. That's why it's hard to choose.

354 넌 내가 처음이자 마지막으로 사랑한 사람이야. 모든 게 다 멈췄으면 좋겠어.

U are the first and last person who I'll ever love. I wish everything would stop right now.

355 선택을 하지 않는다면, 모든 것이 가능해지는 거야.

If you don't choose, everything remains possible.

정의란 무엇인가

〈다크 나이트(The Dark Knight)〉(2008)

감독: 크리스토퍼 놀란 | 주연배우: 크리스찬 베일

아주 오래 전부터 많은 철학자들은 '정의란 무엇인가'라는 질문에 천착해왔습니다. 생각해 보면, 영화 속 주인공처럼 악인을 벌주는 사람이 꼭 선인이라는 보장도 없습니다.

영화 〈다크 나이트〉는 다른 히어로물처럼 단순하지 않다는 점에서 생각의 여지를 줍니다. 사회가 개인의 능력에 의존하기 시작하면 오히려 법이라는 제도가 무용해질 수 있으니 경찰은 배트맨을 쫓는 것입니다. 그런 '정의'에 관한 담론이 펼쳐지는 이 작품은 입체적인 선과 악을 그려냅니다. 우리 사회에서 정의를 지킨다는 것은 어떤 의미를 가질까요?

356 세상을 합리적으로 사는 유일한 방법은 규칙을 지키지 않는 거야.

The only sensible way to live in this world is without rules.

357 돈이 중요한 게 아니야. 중요한 건 메시지라고. 물질적인 것은 어차피 다 타버려.

It's not about money, it's about sending a message. Everything burns.

358 계획대로 되는 일에는 누구도 혼란에 빠지지 않아. 심지어 그

계획이 아무리 끔찍하다 해도 말야.

Nobody panics when things go according to plans. Even if the plan is horrifying.

359 알다시피, 광기는 중력 같은 거야. 살짝 밀어만 주면 끝없이 떨어지거든.

Madness, as you know, is like gravity, all it takes is a little push.

360 그는 고담에 필요한 영웅이지만… 지금은 아니란다. 그래서 쫓는 거야. 그가 그렇게 하라고 했거든. 그는 영웅은 아니지만, 침묵의 수호자이자 우릴 지켜보는 보호자, "어둠의 기사"란다.

He's the here that Gotham deserves but not the one needed now. So we will hunt him. Because he's not a hero. He's the sign of protector, watchful guardian. He's the dark knight.

감시와 통제 속에서
피어나는 사랑

〈**타인의 삶**(Das Leben Der Anderen)〉(2006)

감독: 플로리안 헨켈 폰 도너스마르크 | 주연배우: 울리히 뮤흐 | 아카데미 외국영화상

자유 민주주의 사회가 도래하기 이전, 많은 국가에서 시행착오가 있었습니다. 개인의 삶보다 국가가 중요했던 시기에는 저마다 편

을 나누었기 때문에 사람들을 통제하고 감시했습니다.

영화 〈타인의 삶〉은 그러한 시기에 꽃 핀 사랑을 그리고 있습니다. 1984년, 동독에서 비밀경찰들은 국민들을 감시합니다. 주인공인 '비즐러'는 그런 비밀경찰로서 동독 최고의 극작가 '드라이만'과 그의 애인이자 여배우인 '크리스타'를 감시하게 됩니다. 그러나 시간이 지날수록 그를 체포할 단서는 찾을 수 없고, 비즐러는 그들의 삶에 감동하게 됩니다. 이는 우리에게도 삶의 아름다움을 느낄 수 있게 합니다.

361 여러분은 도청이란 직업에서 항상 사회주의의 적들과 대면하게 될 것입니다.

You will always face the enemies of socialism in the profession of eavesdropping.

362 당신 자체가 예술인데 당신을 팔아서 예술을 산다는 건 말이 안 됩니다.

You're art, and it doesn't make sense to sell you to buy art.

363 그들은 피 흘리지 않는, 열정이 없는 삶을 참지 못했기 때문이다. 죽음만이 유일한 그들의 희망이었다.

Because they couldn't stand a life without blood, without passion. Death was their only hope.

364 내가 이 음악을 이전에 알고 있었더라면, 혁명은 성공할 수 없었을 것이다.

Had I known this music before, the revolution could not have been successful.

365 당신은 저를 모르겠지만 저는 당신을 잘 알고 있어요. 전 당신의 '관객'이거든요.

You don't know me, but I know you well. I'm your audience.

독재자의 최후

〈다운폴(The Downfall)〉(2004)
감독: 올리버 히르비겔 | 주연배우: 브루노 간츠

독일의 유대인 학살, 전쟁을 이끌었던 히틀러를 다룬 영화 〈다운폴〉은 1941년 11월의 독일에서 출발합니다. 히틀러와 함께 서서히 붕괴되어가는 나치의 모습이 적나라하게 포착된 이 작품은 비극을 초래한 추악한 역사를 우리에게 보여줍니다.

다시는 일어나서는 안 될 수많은 일들을 주도했던 그와 추종자들의 마지막 모습은 초라하고 허무합니다. 잔혹한 역사를 재조명하는 카메라의 시선은 우리로 하여금 많은 생각을 하게 만듭니다.

366 난 그들을 동정하지 않아. 그들 스스로 자초한 일이야! 우린 국민들을 강요하지 않았어. 그들은 우리에게 위임했고, 지금

그 대가를 치르고 있는 거야.

I don't sympathize with them. They brought it on themselves! We didn't force the people. They delegated it to us, and now they're paying for it.

367 우리는 아무 잘못이 없소. 우리는 언제나 우리가 하겠다고 하는 걸 해 왔어. 그리고 단 한 번도 그걸 숨긴 적이 없어.

We did nothing wrong. We've always done what we say we'll do. And I've never hidden it.

368 삶은 나약함을 용서하지 않아. 소위 자비로움이란 종교적인 헛소리지. 동정은 영원한 원죄야. 약자들을 위해 동정을 느끼는 것은… 자연의 섭리를 거스르는 거지.

Life doesn't forgive mellowness. So-called benevolence is a religious nonsense. Sympathy is an eternal sin. Feeling sympathy for the weak… It's against nature.

369 그가 날 처형했더라면 좋았을 텐데.

I wish he had executed me.

370 총통께서 모를 거라 생각해? 그는 절대 항복하지 않을 거야. 그리고 우리 모두 다 다시는 그런 일을 겪고 싶지 않아.

You don't think the president knows? He'll never surrender. And we all don't want to go through that again.

현재는 기억으로
만들어진다

〈메멘토(Memento)〉(2000)

감독: 크리스토퍼 놀란 | 주연배우: 가이 피어스

우리는 무엇을 통해 시간의 흐름을 인지하고 변화를 감지할까요? 바로 기억입니다. 기억은 우리 삶에서 아주 중요한 역할을 합니다. 만약 우리가 아무것도 기억하지 못한다면 금붕어처럼 살아가겠죠. 무언가를 배우고, 익히고, 일을 처리하려면 기억이 필요합니다.

영화 〈메멘토〉는 기억에 관한 이야기입니다. 주인공은 뇌 손상으로 인해 만성적인 단기기억상실증에 걸리게 되고, 10분마다 기억을 잊게 됩니다. 그런 그가 사진과 메모, 문신을 이용해 아내를 살해한 범인을 쫓는 이야기를 보면서 우리는 기억이 우리의 삶에 어떤 영향을 미치는지 생각해 볼 수 있습니다.

371 기억은, 기록이 아닌 해석이다.

Memory is not a record but an interpretation.

372 우리 모두는 행복하기 위해 스스로에게 거짓말을 하죠.

We all lie to ourselves to be happy.

373 뇌 손상 때문에 신뢰를 잃다니.

It's amazing what a little brain damage will do for your credibility.

374 자기만족을 위해 거짓말한 거지. 기억하기 싫은 일은 누구나 있기 마련이야. 기억나지 않는 게 좋을 텐데. 누가 신경 쓰겠어?

So you lie to yourself to be happy. There's nothing wrong with that. We all do it. Who cares if there's a few little details you'd rather not remember?

375 내 마음 밖의 세상을 믿어야 한다. 기억은 못할지라도. 눈을 감고 있더라도 세상은 존재한다는 걸 믿어야 한다.

l have to believe in a world outside my own mind. l have to believe that my actions still have meaning. Even if l can't remember them. l have to believe that when my eyes are closed, the world's still here.

One Flew Over the Cuckoo's Nest
뻐꾸기 둥지 위로 날아간 새, 1975

PART **4**

사람의 심리를
파고드는 명대사

#심리학 #마음 #감정

현대 사회에는 수많은 사람이 존재하고, 그만큼 많은 갈등이 일어납니다. 끊임없이 친구와 다투는 사람이 있는가 하면, '성격 차이'라는 이유로 이혼을 선택하는 부부도 있습니다. 결국 서로를 이해하지 못해 생기는 일이지요. 스스로 무엇을 원하는지, 어떤 사람인지 파악하지 못한다면 행복한 사람이 되기 어렵습니다. 관계에서도 제대로 소통하지 못하게 되어 사람들과 멀어지게 됩니다.

행복하고 매력 있는 사람이 되기 위해선 무엇이 필요할까요? 스스로를 되돌아보고, 자신의 심리를 파악하게 해 주는 영화 속 명대사를 모아보았습니다.

방황하는 마음

〈처음 만나는 자유(Girl, Interrupted)〉(1999)
감독: 제임스 맨골드 | 주연배우: 안젤리나 졸리

　사람은 누구나 방황하는 순간을 거칩니다. 다들 안정적인 삶을 살고 있는 듯하지만, 저마다 외롭고 고된 싸움을 하고 있습니다.

　영화 〈처음 만나는 자유〉는 정신요양원에 입원한 '수잔나'의 이야기를 다루고 있습니다. 종잡을 수 없는, 혼란스러운 기분에 지쳐 본 적이 있다면 누구나 공감할 수 있는 이야기입니다.

376 꿈과 현실을 혼동해 본 적이 있나요? 아니면 돈이 있는데도 무언가를 훔친 적이 있나요? 우울해 본 적이 있나요? 아니면 가만히 앉아 있는데 기차가 지나간다는 생각이 든 적이 있나요?

Have you ever confused a dream with life? Or stolen something when you have the cash? Have you ever been blue? Or thought your train moving while sitting still?

377 느끼고 싶어 하지 않을 때면 죽음은 꿈일 뿐일 수도 있어요. 하지만 죽음에 직면한다는 것은 그걸 아는 것이죠.

When you don't want to feel death can seem like a dream. But seeing death really seeing it.

378 난 내 삶의 1년을 낭비했어. 아마도 바깥세상에는 거짓말쟁이

투성이겠지. 세상 전부가 멍청하고 무지할지도 몰라. 하지만 난 그래도 세상 속에서 살겠어.

I've wasted a year of my life. And maybe everyone out there is a liar. And maybe the whole world is stupid and ignorant. But I'd rather be in it.

379 미쳤다는 건 상처 입었다는 것이 아니다. 어둠의 비밀을 혼자 간직하고 있는 건 더더욱 아니다. 조금만 더 생각해 보면 그건 당신일 수도 있고 혹은 나일 수도 있다. 만일 당신이 거짓말을 하고 그것을 즐긴다면. 만일 영원히 아이로 남기를 바란다면.

Crazy isn't being broken or swallowing a dark secret. It's you or me amplified. If you ever told a lie and enjoyed it. If you ever wished you could be a child forever.

380 감정의 보호막이 벗겨질 때 성장하는 순간이 있을 것이다.

Maybe there's a moment, growing up when something peels back.

사랑 방정식

〈뷰티풀 마인드(A Beautiful Mind)〉(2001)

감독: 론 하워드 | 주연배우: 러셀 크로우 | 아카데미 작품상

보통 '수학 천재'라고 불리는 사람은 모든 문제를 완벽히 해결할

것 같다는 편견이 있습니다. 수학은 답이 정해져 있는 학문이기 때문이죠. 하지만 인생의 문제는 수학 문제처럼 답이 정해져 있지 않습니다.

영화 〈뷰티풀 마인드〉는 제2의 아인슈타인으로 떠오른 주인공 '존내쉬'를 조명하고 있습니다. 명석한 지혜로 승승장구하던 그를 당황케 한 것은 몇만 개의 암호가 아닌 사랑의 난제였습니다. 그 복잡한 심리를 섬세하게 그려낸 이 작품은 관객에게 감동을 선사합니다.

381 존, 이 세상에 뭐든 확실한 것은 없어, 그것이 내가 아는 유일한 진리야.

Nothing's ever for sure, John. That's the only sure thing I do know.

382 다변수 함수에서 발견할 수 있듯이, 문제 해결에는 방법이 여러 가지야.

As you will find in multivariable calculus, there is often a number of solutions for any given problem.

383 대학은 오늘의 지성이 내일의 지성을 가르치는 곳이다.

MIT gets America's great minds of today, teaching their great minds of tomorrow.

384 평생 동안 방정식과 논리 속에서 살면서 수학자로서 가장 중요한 발견을 했습니다. 내 인생에서 가장 중요한 발견입니다. 사랑의 방정식이라는 신비를 발견했습니다.

After life time of pursuit of equations and logics, I have made the most important discovery of in my career. The most important discovery of my life. It is only in the mystery equation of love.

385 당신은 내 존재의 이유이고 나의 모든 이유는 당신입니다.

You are the reason I am. You are all my reason.

진짜 인생을 찾아가다

〈트루먼 쇼(The Truman Show)〉(1998)
감독: 피터 위어 | 주연배우: 짐 캐리

만약 우리 주변의 모든 사람들과 상황이 누군가에 의해 가짜로 만들어진 것이라면 어떨까요?

영화 〈트루먼 쇼〉는 그런 상상을 영화에 담아냈습니다. 단순히 미리 만들어진 삶을 사는 것뿐 아니라, 일거수일투족이 라디오와 TV에 생중계되는 것입니다. 그렇게 만들어진 세상 속에서 살아가던 트루먼은 어느 날 이상함을 느낍니다. 과연 트루먼은 진짜 자신의 삶을 찾아 떠날 수 있을까요? 〈트루먼 쇼〉는 그가 느끼는 혼란스러움과 트라우마가 서사적으로 잘 표현된 작품입니다.

386 당신은 두렵기 때문에 떠나지 못하는 거야.

You're afraid. That's why you can't leave.

387 그들은 또 다시 돌아. 이 세상은 모두 내 주위로 돌고 있어!

They go around again. They just go round and round!

388 바깥세상도 다르지 않아. 같은 거짓말과 같은 속임수. 하지만 내가 만든 공간 안에서는 두려워할 필요 없어.

There was no truth out there, there no reason the world. I created for you. It's same lies, it same deception, but in my world, you have nothing to fear.

389 우리는 누구나 보이는 세상이 진실이라고 믿고 살기 마련입니다.

We accept he reality of the world with which we're presented.

390 오는 못 볼지도 모르니 미리 인사할게요. 굿 애프터눈, 굿 이브닝, 굿 나잇!

In case I don't see ya! Good afternoon, good evening, and good night!

사기꾼들의 커다란 한 방

〈아메리칸 허슬(American Hustle)〉(2013)

감독: 데이비드 O. 러셀 | 주연배우: 크리스찬 베일 | 아카데미 각본상

사람은 거짓말을 할 때 특정한 움직임을 보인다고 합니다. 그런

것을 연구하는 학문이 '행동심리학'입니다. 능숙한 사기꾼은 그런 무의식적인 움직임마저 통제할 것입니다. 사기극이야말로 심리학과 복잡하게 얽힌 장르입니다.

영화 〈아메리칸 허슬〉은 희대의 범죄소탕 작전을 위해 최고의 사기꾼 커플과 FBI 요원이 활약하는 이야기입니다. 이야기가 눈덩이처럼 굴러가고 불어날수록 영화는 클라이맥스를 향합니다.

391 당신이 내 전부가 되기 전까지는 아무 존재도 아니었지.

You're nothing to me until you're everything.

392 살아남아야만 하는 방법을 찾아내야만 했던 적 있나? 그런데 그 선택의 여지가 없다는 사실을 알았을 때, 그래도 살아남아야 한다면?

Did you ever have to find a way to survive and you knew your choices were bad, but you had to survive?

393 생존의 기술은 끝이 없는 이야기이다.

The art of survival is a story that never ends.

394 세상은 흑백의 이분법으로 나눌 수 없어. 그냥 다 회색일 뿐이야.

That's the way the world works. Not black and white. Like you were saying, extremely grey.

395 사람들은 본인들이 믿고 싶은 것만 믿지. 사람들은 그들이 원하는 것을 얻기 위해 항상 서로를 속이고는 해. 심지어 우리 자신들까지.

People believe what they wanna believe. As far as I could see people were always conning each other to get what they wanted. We even con ourselves.

우리는 무엇을 두려워하는가

〈겟 아웃(Get Out)〉(2017)

감독: 조던 필 | 주연배우: 다니엘 칼루야 | 아카데미 각본상

우리의 무의식은 때로 우리가 편견을 갖고 있는 대상에게서 공포를 느낀다고 합니다. 공포 영화에서 다루는 기이한 괴물, 폐쇄된 정신병동은 자칫하면 장애와 정신질환 혐오로 이어질 수 있다는 이야기입니다.

영화 〈겟 아웃〉은 그런 도식에서 벗어나 인종차별에 관한 공포영화를 만들어냈습니다. 주인공의 트라우마와 최면 요법 등 심리적 요소들도 이 영화를 흥미롭게 만들어줍니다.

396 네 눈을 줘, 네가 보는 것들이 갖고 싶어.

I want your eyes, man. I want those things you see through.

397 우리 어머니는 주방을 참 좋아하셨지. 그래서 어머니의 일부

를 이곳에 남겨놨단다.

My mother loved the kitchen. So I left some of my mother here.

398 미국에서 흑인으로 살면서 좋았던 점이 많았나요? 아니면 싫었던 점이 많았나요?

Were there many good things about living as a black man in the United States? Or did you hate a lot?

399 너는 최면에 걸려 마비가 됐단다. 마치 아무것도 안 했던 그날처럼 바닥 깊이 빠지렴.

You were hypnotized and paralyzed. Get down to the bottom like the day you didn't do nothing.

400 사람들은 변화를 원하지, 누군가는 강해지기를 원하고, 빨라지기 위해, 멋져 보이기를 원하지. 그렇지만 날 그딴 부류에 넣지 마.

People want a change. Some people wanna be stronger, faster, cooler. Black is in fashion. But please don't lump me in with that.

자유를
찾기 위한 싸움

〈뻐꾸기 둥지 위로 날아간 새(One Flew Over The Cuckoo's Nest)〉(1975)
감독: 밀로스 포먼 | 주연배우: 잭 니콜슨 | 아카데미 작품상

지금의 현대 의학과 달리, 예전에는 과학적 근거나 환자의 인권에 관한 의식 없이 의료 행위가 이루어졌다고 합니다. 특히 정신적 문제를 가진 사람들이 수용되는 정신병동은 감옥과 같았습니다.

1970년도 영화 〈뻐꾸기 둥지 위로 날아간 새〉는 그 시대의 정신병동을 배경으로 이야기를 전개하고 있습니다. 교도소에서 후송된 주인공 '맥 머피'는 범죄자임에도 불구하고 인간적인 면모를 보여주며 자유와 인권에 대한 생각을 하게 만들어 줍니다.

401 모두 자신이 미쳤다고 생각하는 모양인데 아니야! 길거리를 버젓이 활보하는 악당들보단 덜 미쳤다고.

Everybody thinks they're crazy, but they're not! It's less crazy than the bad guys walking around the streets.

402 모두가 널 귀먹은 벙어리로 아는데 전부를 속인 것이었군.

Everyone thinks you're deaf, and you've lied to everyone.

403 혼자 있고 싶어 하는 것도 병인가요?

Do you mean to say it's sick wanna be off by yourself?

404 너 없이는 안 갈 거야, 맥. 이대로 널 두고 갈 수는 없어. 나와 함께 가자.

I'm not going without you, Mac. I wouldn't leave you here this way. You're coming with me.

405 그래도 난 시도라도 했잖아. 적어도 시도는 했다고.

But I tried, didn't I? God-damn it. At least I did that.

4-7

나도 사람입니다

〈엘리펀트 맨(The Elephant Man)〉(1980)

감독: 데이빗 린치 | 주연배우: 안소니 홉킨스 | 아카데미 작품상

프릭쇼(Freak Show)를 아십니까? 프릭쇼란 일반인들과는 다르게 생긴 기형적 외모의 사람을 모아 구경거리로 보여주거나 서커스처럼 곡예를 시키던 것을 말합니다.

영화 〈엘리펀트 맨〉은 다발성 신경섬유종증이라는 희귀병을 앓는 주인공이 서커스에서 학대당하고, 구경거리로 살아가다 자신도 당신들과 같은 인간이라고 외치는 이야기를 그리고 있습니다. 때로 영화는 우리에게 깊게 생각해 볼만한 질문을 던집니다. 이 작품을 보고 나면 타인에게 갖게 되는 부정적인 감각이 좀 더 누그러들 것입니다. 우리는 결국 모두 같은 인간이기 때문입니다.

406 당신은 엘리펀트 맨이 아니에요, 로미오였군요.

You're not an elephant man at all. You're Romeo.

407 내가 사랑받는 걸 알기에 내 인생은 완전해요. 나 자신을 찾았어요.

My life is full because I know that I am loved. I have gained myself.

408 행운을 비네. 우리 같은 사람은 행운이 따라줘야 해.

Luck, my friend. Luck. And who needs it more than we?

409 나의 외모를 치료할 수 있나요?

Can you cure me?

410 난 동물이 아닙니다! 난 인간이라고요! 나… 나는… 사람이에요!

I am not an animal! I am a human being! I… am… a man!

불륜, 거짓말
그리고 갈등

〈섹스, 거짓말 그리고 비디오테이프(Sex, Lies, and Videotape)〉(1989)

감독: 스티븐 소더버그 | 주연배우: 앤디 맥도웰 | 칸영화제 황금종려상

현대인의 육체적 관계와 사랑, 결혼은 어떤 식으로 우리를 갈등에 빠지게 할까요? 영화 〈섹스, 거짓말 그리고 비디오테이프〉는 현대의 인간관계를 교묘하고 관능적이고 지적인 시선으로 파헤친 작품

입니다.

언뜻 보면 단순한 불륜과 기묘한 악취미로 그려질 수 있는 이야기지만, 이 작품은 복잡하게 얽힌 네 남녀의 관계를 통해 성적으로 억압된 현대인들의 상처와 그 치유과정을 그립니다.

411 잘 생각해 보면, 당신은 당신 힘으로 어쩔 수 없는 부정적인 대상에 대한 집착을 보이고 있어요.

If you think about it, I think you'll see that the object of your obsession is invariably something negative that you couldn't possibly have any control over.

412 하지만 좋고 행복한 일에 대해 걱정하는 사람이 몇이나 되겠어요?

Well, do you think many people run around thinking about how happy they feel and how great things are?

413 세상에서 두 번째로 재수 없는 게 거짓말쟁이야. / 그럼 첫 번째는? / 변호사지.

A liar is the second lowest form of human being. / What's the first? / Lawyers.

414 이런 글을 읽은 기억이 나요. 남자는 매력을 느낀 상대를 사랑하게 되어 있고, 여자는 사랑하는 상대에게 더욱더 매력을 느끼도록 되어 있다고요.

I remember reading somewhere that men learn to love what

they're attracted to, whereas women become more and more attracted to the person they love.

415 거짓말은 완치가 안 되죠. 알코올중독과 같아요.

Lying is like alcoholism, one is always "recovering."

완벽주의 콤플렉스

〈블랙스완(Black Swan)〉(2010)

킴득: 대런 아루노프스키 | 주연배우: 나탈리 포트만 | 아카데미 여우주연상

인정욕과 칭찬에 대한 갈망 때문에 힘들어하는 사람들이 있습니다. 그리고 자신이 세운, 터무니없이 높은 기준에 미치지 못하면 스스로를 몰아세우는 사람들도 있습니다. 영화 〈블랙스완〉은 완벽에 대한 집착을 가진 주인공 '니나'가 어떻게 스스로를 파괴하게 되는지 보여줍니다. 이처럼 완벽주의는 삶에 대한 만족감뿐만 아니라 자존감을 떨어뜨리는 현대인의 고질병입니다.

완벽주의가 있으십니까? 이젠 조금 내려놓으세요. 우리는 완벽하지 않아도 충분히 가치 있는 삶을 살고 있습니다.

416 나는 느꼈어요. 나는 완벽함을 느꼈어요. 나는 완벽했어요.

I felt it. I felt perfect. I was perfect.

417 인생을 좀 살아 봐.

Live a little life.

418 네 앞길을 가로막고 있는 유일한 사람은 너야. 이제 보내야 할 때야. 너를 편안하게 해 줘.

The only person standing in your way is you. It's time to let her go.

419 완벽함이란 통제하는 게 아냐. 그건 해방시키는 것을 의미하기도 해.

Perfection is not just about control. It's also about letting go.

420 남을 기쁘게 해 주려는 삶을 살지 마.

Don't live your life to please anothers.

고독에 관한 단상

⟨토니 타키타니(Tony Takitani)⟩(2004)
감독: 이치카와 준 | 주연배우: 미야자와 리에

여러분은 '고독'을 어떻게 느끼십니까? 사람들은 혼자 있으면 외로움을 느낍니다. 고독, 외로움과 같은 감정은 보통 부정적으로 그려집니다.

영화 ⟨토니 타키타니⟩는 그런 고독에 관한 이야기입니다. 외로운 유년시절을 보내며 '혼자 있는 것'이 편하다는 것을 깨달은 주인공은 무감각한 일상을 살아가지만, 어느 날 사랑에 빠져 결혼을 합니다. 하지만 아내는 쇼핑중독에 빠진 사람이었습니다. 결핍과 고독에 관해 차분하게 풀어나가는 이 작품은 우리의 마음속에 있는 알 수 없는 감정을 들여다보게 합니다.

421 기억은 바람에 흔들리는 안개처럼 천천히 그 모습을 바꿔 모습을 바꿀 때마다 흐려져 갔다.

記憶は風に揺れる霧のようにゆっくりとその姿を変え、姿を変えるたびに曇っていった。

422 왠지 옷이란 자신의 내부의 부족한 부분을 채워주는 듯한 느낌이 들어요.

なんだか服って自分の内部の足りない部分を埋めてくれるような感じす。

423 고독이란 감옥과도 같다고 그는 생각했다.

孤独とは監獄のようだと彼は思った。

424 외롭지 않다는 것은 그에게 기묘한 느낌을 주었다. 외롭지 않게 되었기 때문에 다시 외로워지면 어쩌지? 그런 두려움이 늘 따라다니게 되었다.

寂しくないということは彼に奇妙な感じを与えた。寂しくないようになったからまた寂しくなったらどうしよう? そのような恐ろしさが付きまとうようになった。

425 그에게 있어 '감정'이란 비논리적이고 미성숙한 것일 뿐이었다.

彼にとって「感情」とは非論理的で未成熟なものに過ぎなかった。

4-11

복수심이 부르는 비극

〈올드보이〉(2003)

감독: 박찬욱 | 주연배우: 최민식

누군가에게 원한을 품는 것만큼 힘든 일은 없습니다. 분노하고, 복수를 다짐하는 심리는 우리의 본능과도 같습니다. 하지만 폭력은 폭력을 부르고, 복수는 복수를 부를 뿐입니다. 이에 대해 박찬욱 감독은 '복수 3부작'을 찍게 됩니다. 그중 가장 유명한 작품이 영화 〈올드보이〉입니다. 충격적인 비극과 반전을 포함하고 있는 이 작품은 화려한 미장센과 서사적 완성도로 시선을 끕니다.

426 웃어라, 모든 사람이 너와 함께 웃을 것이다. 울어라, 너 혼자 울 것이다.

Smile, everyone will laugh with you. Cry, you'll cry alone.

427 틀린 질문만 하니까 맞는 대답이 나올 리가 없잖아.

You only ask the wrong questions, so there's no way you'll get the right answer.

428 모래알이든 바윗덩어리든 물에 가라앉긴 마찬가지예요.

Sand or Rock, it's the same as sinking in the water.

429 있잖아, 사람은 말이야, 상상력이 있어서 비겁해지는 거래.

You know, people get cowards because they have imagination.

430 상처받은 자에게 복수심만큼 잘 듣는 처방도 없어요.

There's no such thing as revenge for the wounded.

중독의 위험성

⟨레퀴엠(Requiem For A Dream)⟩(2000)
감독: 대런 아로노프스키 | 주연배우: 엘렌 버스틴

　무언가에 중독되는 것은 좋은 현상이 아닙니다. 몸에 좋은 운동도, 회사에서 하는 일도 적당히 하지 않으면 중독됩니다. 우리는 왜 중독되는 걸까요?

　영화 ⟨레퀴엠⟩은 중독 중에서도 가장 치명적인 중독인 마약 중독을 여러 상황에 걸쳐 묘사합니다. 남녀노소 할 것 없이 약에 중독된 인물들의 최후는 비참합니다. 중독에 의한 비극을 표현한 이 작품은 우리에게 경각심뿐만 아니라 인간적인 공포를 느끼게 합니다.

431 난 그 빨간 드레스를 입고 텔레비전에 출연하는 상상할 때가 제일 행복하단다.

I like thinking about the red dress and the television.

432 아침에 눈을 뜨는 이유도, 살을 빼려는 이유도 그 드레스 때문이야. 덕분에 웃기도 하고, 살고 싶단 생각도 한단다.

It's a reason to get up in the morning. It's a reason to lose weight to fit in the red dress. It's a reason to smile. It makes tomorrow all right.

433 하긴 지난여름은 정말 죽였는데, 그치? 근데 그게 벌써 몇 만 년 전처럼 느껴져.

Yeah, man. last summer was a motherfuckin' ball, huh. Just seems like a thousand years ago since last summer, man.

434 이제 남은 게 없다. 정말 외로워, 게다가 늙었고. / 친구가 있잖 아요. / 그 사람들은 나를 필요로 하지 않잖니.

What have I got, Harry? I'm lonely. I'm old. / You got friends, Ma. / It's not the same. They don't need me.

435 사랑해. 넌 내 존재 의미를 줬거든. 내 모습 그대로를⋯ 아름 답다고 했지.

I love you, Harry. You make me feel like a person. Like I'm me. And I'm beautiful.

폭력의 고리

〈파이트 클럽(Fight Club)〉(1999)
감독: 데이빗 핀처 | 주연배우: 브래드 피트

삶의 공허함을 느낀 사람은 자극적인 것을 추구하게 됩니다.

영화 〈파이트 클럽〉은 그런 심리에서 출발합니다. 비싼 가구들로 집 안을 채우지만 삶에 강한 공허함을 느끼는 주인공 '잭'은 우연히 '테일러'를 만나 본능이 이끄는 대로 삶을 살기로 결심합니다. "싸워 봐야 네 자신을 알게 된다."라는 그의 말에 두 사람은 '파이트 클럽'이라는 비밀 조직을 결성하게 되지만, 시간이 지날수록 의미가 변질되고 맙니다. 과연 폭력에 순기능이란 존재하는 것일까요? 현대 사회를 풍자한 대사가 등장하는 〈파이트 클럽〉은 언제나 많은 사랑을 받고 있습니다.

436 넌 이걸 알아야 돼, 두려워하진 말고. 언젠가 넌 죽을 거야.

You have to know, not fear, but know that someday you're going to die.

437 자유를 발견했어. 모든 희망을 잃는 게 자유야.

I found freedom. Losing all hope was freedom.

438 네 직업은 네가 아냐. 통장 잔고에 찍힌 금액도 네가 아냐.

Your job is not you. The amount on your bank account balance is not you either.

439 우리는 TV를 보며 백만장자나 스타가 될 수 있다고 생각한다. 허나 그게 환상임을 깨달았을 때, 우린 분개할 수밖에 없다.

We watch TV and think we can be millionaires or stars. But when we realize it's an illusion, we can't help but resent it.

440 지금 죽는다 치고 네 삶을 한 번 평가해 봐.

Let's say you die now and evaluate your life.

전쟁이 보여주는 인간

〈씬 레드 라인(The Thin Red Line)〉(1998)

감독: 테렌스 맬릭 | 주연배우: 숀 펜 | 베를린 국제영화제 황금곰상

오래 전, 무기가 발달하지 않았을 시기에는 전쟁이 곧 군인들 간의 '결투'였습니다. 하지만 점점 과학 기술이 발전하면서 군인은 전쟁에서 소외되기 시작했습니다. 국가 간의 정치적 갈등으로 인해 젊은이들의 목숨이 희생되는 것입니다.

영화 〈씬 레드 라인〉은 제2차 세계대전이 한창이던 1942년을 배경으로, 다양한 인간 군상의 갈등을 보여줍니다. 이 영화는 대의를 위해 전진하는 영웅이 아닌, 전쟁을 겪는 인간에 관한 이야기로써 높은 완성도와 철학적 의미를 지닙니다.

441 이 세상에서 한 명의 인간은 아무것도 아니다. 하지만 그로 인해 세상은 유일하다.

In this world, a man himself is nothing. And there is no world but this one.

442 우리는 모든 사람들이 스스로 지옥으로 걸어들어가는 세상에 살고 있다. 그런 상황에서 사람이 할 수 있는 일은 눈을 감고 아무것도 건드리지 못하게 하는 것뿐이다.

We're living in a world that is blowing itself to hell as fast as everybody can arrange it. In a situation like that, all a man can do is shut his eyes and let nothing touch him.

443 오, 나의 영혼이여, 내가 그대 안에 머물기를. 나의 눈동자를 통해, 그대가 창조한 사물들을 바라보라. 모든 사물이 빛나도다.

Oh, my soul, let me be in you now. Look out through my eyes, look out at the things you've made. All things shining.

444 어쩌면 인류는 모든 사람이 부분을 이루는 하나의 커다란 영혼을 갖고 있는 것이리라.

Maybe all men got one big soul everybody's part of.

445 온전한 정신을 가진 자와 광인을 구별해 주는 것은 가느다란 붉은 선뿐이다.

There's only a thin red line between the sane and the mad.

4-15

정상과 비정상의 경계

〈셔터 아일랜드(Shutter Island)〉(2010)

감독: 마틴 스콜세지 | 주연배우: 레오나르도 디카프리오

폐쇄된 섬의 정신병동을 배경으로 스릴러 영화를 찍는다면 어떤 작품이 탄생하게 될까요? 우리는 무의식중에도 사람을 정상과 비정상으로 구분합니다. 정신병동의 환자들은 비정상이고, 관객의

시선을 대변하는 주인공은 정상입니다.

영화 〈셔터 아일랜드〉는 관객들의 그런 시선을 통해 질문을 던집니다. 중범죄를 저지른 환자들이 격리된 병동에서 일어난 탈옥 사건으로 파견된 보안관 '테디'의 시점으로 펼쳐지는 이 영화는 깊은 여운을 남깁니다.

446 괴물로 평생을 살 것인가? 아니면 선한 사람으로 죽을 것인가?

Live as a monster, or die as a good man.

447 정신병 판정을 받으면, 무슨 짓을 해도 다 미친 것처럼 보인다고요.

If you're diagnosed with a mental illness, you look crazy no matter what you do.

448 정신병이 전염이라도 됩니까?

Is the mental illness contagious?

449 합리적인 반항은 현실부정이 되고, 정당한 공포는 편집증이 돼. 생존본능은 방어기제가 된다고.

Reasonable rebellion becomes denial, just fear becomes paranoid, survival instinct becomes a defense mechanism.

450 트라우마의 그리스어 어원이 '상처'죠. 꿈은 독일어로 '트라우먼'이고요. '트라우먼…' 상처는 괴물을 만들죠. 당신은 상처를 입었고요. 당신 안에 괴물을 봤다면, 그만 멈춰야 합니다.

The Greek etymology of trauma is 'hurt'. My dream is 'Trauman' in

German. "Trauman…" A wound makes a monster. You're hurt. If you saw a monster in you, you should stop.

약육강식의 본능

〈파리대왕(Lord Of The Flies)〉(1990)
감독: 해리 훅 | 주연배우: 발타자 게티

윌리엄 골딩의 소설 「파리대왕」은 1983년 노벨문학상 수상작으로, 비행기에 탄 채 어디론가 이송되던 소년들이 불의의 사고로 무인도에 불시착하는 사건으로 시작합니다. 이 소설을 원작으로 제작된 영화 〈파리대왕〉은 소년들의 표류기를 그려내고 있지만 긍정적인 모험담도, 소년들의 성장도 다루지 않습니다. 영화에 등장하는 여러 인물들이 보여주는 것은 다소 정치적이고 철학적인 현상입니다.

과연 이 작은 집단에서 보여주는 약육강식의 생태는 우리의 현실일까요?

451 모두 다 엉망이야. 이유를 모르겠어. 시작은 좋았는데, 점점 진짜 중요한 것을 잊게 된 거 같아.

Things are beginning to break up. I don't know why. It all began well. Then people started forgetting what really matters.

452 어른들은 다 알잖아. 어둠도 무서워하지 않고, 서로 만나서 차 마시면서 토론도 하다 보면 모든 게 다 괜찮아지잖아.

Grown-ups know things. They ain't afraid of the dark. They'd meet and have tea and discuss. Then things would be all right.

453 그러니 절망할 필요는 없어. 다친 사람도 없고, 위험도 없으니 보금자리만 마련하면 편안히 지낼 수 있을 거야. 지각 있게, 적절히 행동하고 이성을 잃지만 않으면 괜찮을 거야.

So things aren't so bad. None of us are hurt. There isn't any danger, and we can build shelters and be comfortable. So if we're sensible if we do things properly. if we don't lose our head, we'll be all right.

454 규칙과 화합, 피와 야만 둘 중에서 어느 것을 택하겠어?

Which is better? To have rules and agree, or to hunt and kill?

455 그러니까 내 말은 우리가 괴물일지도 모른다는 거야.

Maybe there is a beast. What I mean is, maybe it's only us.

4-17

감정을 느끼다

〈인사이드 아웃(Inside Out)〉(2015)

감독: 피트 닥터 | 주연배우(성우): 에이미 포엘러 | 아카데미 애니메이션상

우리는 평소에도 여러 감정을 느끼며 살아갑니다. 만약 우리의

머릿속에 감정을 컨트롤하는 기능이 있고, 감정들끼리 대화를 한다면 어떨까요?

애니메이션 〈인사이드 아웃〉은 기발한 상상력을 통해 인간의 감정과 심리를 아름다운 이야기로 풀어낸 작품입니다. 우리에게는 기쁨 말고도 여러 가지 감정이 필요하다는 메시지를 지닌 이 작품은 우리로 하여금 스스로의 감정에 대해 돌아보게 합니다.

456 우리가 행복해야 할 이유는 정말 많다고!

There are a lot of things to be happy about!

457 우는 건 인생의 문제에 너무 얽매이지 않고 진정하도록 도와줘.

Crying helps me slow down and obsess over the weight of life's problems.

458 잘못된 일에만 신경 쓰지 마. 늘 되돌릴 방법은 있다고!

You can't focus on what's going wrong. There's always a way to turn things around, to find the fun.

459 사실과 의견은 왜 이렇게 섞여 있어? 뭐가 뭔지 모르겠어. / 원래 그래.

Why are facts and opinions so mixed up? I'm totally lost. / That's the way it is.

460 감정은 포기할 수 없는 거야.

Emotions are something you can't give up.

트라우마를 말하다

〈레인 오버 미(Reign Over Me)〉(2007)

감독: 마이크 바인더 | 주연배우: 아담 샌들러

외상 후 스트레스 장애(PTSD)는 많은 사람들이 겪는 심리적 문제입니다. PTSD는 폭력적이거나 견디기 힘든 상황에 노출된 사람이 이후에도 심각한 공포를 느끼거나 이상행동을 하는 질병입니다.

영화 〈레인 오버 미〉는 9.11테러로 가족을 잃은 주인공이 주변 사람들의 도움으로 마음을 열어가는 이야기로, 실제 시네마테라피(영화 심리치료) 연구 자료로 쓰이는 작품입니다. 이 작품은 가족 및 가까운 누군가의 죽음으로 삶이 송두리째 바뀐 경험을 가진 사람들에게 공감과 위로를 건네줍니다.

461 찰리, 우리가 친구가 되려면 네가 날 믿어 줘야 해. 친구들은 서로 자기 인생에 대해 얘기할 수 있어야 한다고.

Charlie, if we're gonna be friends, you have to be able to trust me. I'm saying friends talk about what's going on in their lives.

462 찰리는 당신을 좋아해요. 왜인 줄 아세요? 아주 간단해요. 그건 당신이 도린이나 제니, 줄리, 지나에 대해서 모르기 때문이에요. 스파이더라는 푸들도 모르고요. 당신은 모르니까 아무것도 묻지 않을 거라는 걸 찰리는 아는 거죠.

He likes you, Alan. You know why? It's very simple. Because you know nothing about Doreen and Jenny and Julie and Gina. Or Spider, the family poodle. You know nothing about them, so he figures you won't ask questions.

463 그 사람 세상은 아픔으로 가득 차 있고 늪처럼 깊고 어두워. 그런데도 당신은 그런 식의 자유를 갈망하는 거잖아.

He's caught up in this world of pain, thick like quicksand. And your only response is to covet his freedom.

464 찰리한테는 가족이 있었어요. 너무나 소중한 걸 잃은 거 알아요. 하지만 거기에 대해 진심으로 얘기할 수 있을 때까지 기다릴게요, 찰리.

Look, the fact is you had a family. And you suffered a great loss. And until you can discuss that and we can really talk about that. I can be patient, Charlie.

465 난 왜 사람들은 저 사람이 상처받은 거라는 걸 모르는지 모르겠어요. 심장이 뜯겨 나갈 만큼 아프다는 걸 왜 모를까요.

I don't know how they can't see that he's just got a broken heart. It's so broken, his poor heart.

함께 라는 가치

〈실버라이닝 플레이북(Silver Lining Playbook)〉(2012)

감독: 데이비드 O. 러셀 | 주연배우: 제니퍼 로렌스 | 아카데미 각색상

우리에겐 모두 결함이 있습니다. 결함이 있기 때문에 서로를 사랑하고, 연애를 하는 것일지도 모릅니다. 세상에 완벽한 사람은 없지만, 함께한다면 더 많은 것을 이룰 수 있기 때문입니다.

영화 〈실버라이닝 플레이북〉은 심리적 결함을 가진 남녀의 관계를 재치 있게 풀어낸 작품입니다. 아내의 외도를 목격하고 분노조절장애를 얻은 남자와 남편의 죽음 이후 외로움 때문에 많은 남자들을 만나는 여자의 좌충우돌 로맨스 스토리는 유쾌하면서도 공감을 줍니다.

466 지금처럼 네 삶에 누군가 손을 뻗어 올 때, 내민 손을 잡아주지 않는다면 그건 죄악이야.

When life reaches out at a moment like this it's a sin if you don't reach back.

467 그건 너의 남은 생의 나날 동안 저주처럼 따라다닐 거야.

It'll haunt you the rest of your days like a curse.

468 당신을 보자마자 알았어요. 당신과 같아지는데 이렇게 오래 걸려서 미안해요. 그냥 꼼짝할 수가 없었어요.

I knew it the minute I met you. I'm sorry it took so long for me to catch up. I just got stuck.

469 나는 이 모든 부정적인 것들을 연료로 쓸 거야.

I'm gonna take all this negativity and I'm gonna use it as fuel.

470 항상 엉성하고 더러운 내 일부분이 있을 거야. 하지만 난 내 다른 모든 부분이 좋아. 너 자신에 대해서도 똑같이 말할 수 있어, 망할놈아?! 용서할 수 있겠어? 너 그거 잘해?

There's always gonna be a part of me that's sloppy and dirty, but I like that, with all the other parts of myself. Can you say the same about yourself, fucker?! Can you forgive? Are you any good at that?

4-20

가족이라는 존재

〈어거스트: 가족의 초상(August: Osage County)〉(2013)
감독: 존 웰스 | 주연배우: 메릴 스트립

때로 혈연으로 이어진 가족이 성가실 때도 있습니다. 모든 가족이 좋은 관계를 갖고 평화롭게 사는 것이 아니기 때문입니다.

영화 〈어거스트: 가족의 초상〉은 흩어져 살던 가족이 모여 서로를 헐뜯고 상처를 후벼 파는 상황을 연출합니다. 가족도 타인이기 때문에 소통이 필요한 법입니다. 각자의 삶을 짊어지다 보면 그것을 잊기도 합니다. 이 작품은 타인을 이해한다는 것이 결코 쉬운 일이 아니고, 자신의 시각과 타인의 시각은 다르다는 것을 느끼게 합니다.

471 "인생은 길다." - T.S. 엘리엇. 그 말을 처음으로 한 사람이 그는 아닐 거다. 그렇게 생각하는 사람이 확실히 그가 처음은 아니겠지.

"Life is very long." - T.S. Eliot. Not the first person to say it, certainly not the first person to think it.

472 내가 만나 본 남자 중에 베개보다 나은 남편감은 없더라니까. 그리고 스스로에게 말하고 벌을 주지. 좋은 남자를 만날 수 없는 건 결국 내 잘못이라고.

And then that pillow was just a better husband than any man I'd ever met. And you punish yourself, you tell yourself it's your fault.

473 넌 늘 고통스러워했지. 난 널 지켜주고 싶었다. 하지만 생각해 봐라. 넌 외로운 사람의 시간을 이해할 수 있겠어? 이런 곳에서 인내하고 사는 사람의 고통을.

My heart breaks for every time you felt pain. I really I wished I could've shielded you from it, but if you think you can fathom for one solitary second the pain that man endured in his natural life.

474 누가 더 센지 알고 싶니? 모두 떠났을 때, 누구도 나보다 강하지 못해, 젠장. 모든 게 떠났을 때, 그리고 모두 사라졌을 때, 난 여기 남아 있을거야. 누가 더 강해, 이 개자식들아?!

You want to show who's stronger, Bev? Nobody's stronger than me, goddamn it. When nothing is left, when everything is gone, disappeared I'll be here. Who's stronger now, you son of a bitch?!

475 나 죽고 난 다음엔 네가 뭘 하든 상관없다. 네가 어디를 가든, 어떻게 인생을 망치든… 그냥, 살아라.

Die after me, all right? I don't care what else you do, where you go, how you screw up your life. Just survive. Please.

(4-21)

학교 폭력의 잔인함

〈릴리 슈슈의 모든 것(リリィ シュシュのすべて)〉(2001)
감독: 이와이 슌지 | 주연배우: 이치하라 하야토

요즘 들어 '일진 문화'를 미화하는 웹툰 등이 논란이 되고 있습니다. 과연 아이들의 폭력은 정당화될 수 있는 문제일까요?

영화 〈릴리 슈슈의 모든 것〉은 일본의 학교 폭력 문제를 적나라하게 보여주고 있습니다. '이지메'라는 말이 일본에서 온 것처럼, 일본의 학교 폭력은 심각합니다. 울적한 청춘을 다룬 이와이 슌지의 수작 〈릴리 슈슈의 모든 것〉은 '릴리 슈슈'라는 가수와 익명의 팬들을 통해 인물의 심리를 내밀하게 보여줍니다.

476 내겐 소중한 것이 있다. 친구도 있고, 부모도 있고, 애인도 있고. 그러나 그들 때문에 상처도 많이 받는다. 모두 그걸 견디며 살아간다.

私には大事なものがある。友達もいるし、親もいるし、恋人もいるし。しかし、彼らのせいで傷つけられることも多い。みんなそれを耐えながら生きていく。

477 우리에겐 낙원처럼 보여도 자연 속 생물들에겐 지옥일지도 몰라. 자연이란 그런 거지. 삶과 죽음이 공존하는 곳.

私たちには楽園のように見えても自然の中の生物たちには地獄かも知れない。自然ってそういうものさ。生と死が共存する場所。

478 죽으려 마음먹었다. 몇 번이고, 몇 번이고. 그러나 죽지 못했다.

死のうと心に決めた。何度も、何度も。しかし、死ぬことはできなかった。

479 상처가 없는데 아프다. 상처가 있는데 아프지 않다.

傷がないのに痛い。傷があるのに痛くない。

480 나 여기 있어, 그렇게 외치고 싶어서 이 글을 쓰고 있는지도 모른다.

私ここにいるよ、そう叫びたくてこの文を書いているのかも知れない。

폭력의 사각지대

〈용서받지 못한 자〉(2005)

감독: 윤종빈 | 주연배우: 하정우

군대라는 곳은 수직관계에서 일어나는 부조리한 일을 그려내기 좋은 배경이기도 합니다. 지금은 많이 나아졌다고들 하지만, 군대 내에서 일어나는 폭력이 가시화되기까지는 오랜 시간이 걸렸습니다.

영화 〈용서받지 못한 자〉는 군대에서 일어나는, 인물 간의 부당한 언행과 폭력을 조명합니다. 여러분이라면 어떻게 하시겠습니까? 우리에겐 폭력의 대물림을 끊어야 하는 의무가 있습니다.

481 네가 틀렸다는 게 아니라 네가 그러면 나중에 힘들어져. 왜 자꾸 말 나오게 대꾸를 해?

I'm not saying you're wrong, but if you do, it'll be hard later. Why do you keep talking back to me?

482 조심해라. 너 벼르고 있는 사람 많아. 태정이 땜에 못 건드는 거지, 너 무서워서 그러는 거 아니야. 알겠냐?

Be careful. You have a lot of people waiting for you. They can't touch you because of Tae-jung, not because you're scared. Do you understand?

483 군생활이 힘들어? 그럼 군생활이 할 만해?

Is military life hard? So is military life easy?

484 군대 갔다 와서 사람 된다는 개소리는 집어치워!

Cut the crap about being a human after the army!

485 넌 내가 봤을 때 어른이 먼저 돼야 돼, 새끼야.

I think you should be an adult first.

다른 사람이
되어보는 경험

〈존 말코비치 되기(Being Jogn Malkovich)〉(1999)
감독: 스파이크 존즈 | 주연배우: 존 쿠삭 | 아카데미 각본상

우리는 누구나 태어날 때부터 죽을 때까지 각자의 1인칭으로 살아갑니다. 만약 내가 아닌 누군가의 1인칭으로 살아본다면, 그 때는 어떤 것을 경험하게 될까요?

영화 〈존 발코비치 되기〉는 재치 있는 상상력을 통해 자아에 관한 심오한 질문을 던집니다. 영화에서 15분 동안 존 말코비치가 되어본 사람들은 자신에 대한 새로운 통찰을 얻게 됩니다. 다른 사람이 되어본 후에 자신을 더 알게 되는 것입니다. 영화는 이런 아이러니를 재밌는 이야기로 풀어냅니다.

486 원숭이, 네 팔자가 상팔자구나. 의식이란 건 끔찍한 저주니까.

You don't know how lucky you are, being a monkey. Because consciousness is a terrible curse.

487 노인들에겐 배울 점이 많아요. 현재와 과거의 연결 고리잖아요.

The elderly have so much to offer. They're our link with history.

488 일시적인 흥분이야. 남의 눈을 통해 세상을 봐서 그래.

It's just a phase. It's the thrill of seeing through somebody else's eyes.

489 정열적인 사람들, 원하는 걸 추구하는 사람들은 원하는 걸 못 얻을 수도 있어요. 하지만 최소한 생기가 넘쳐요. 그러니까 마지막 숨이 넘어갈 때 별로 후회할 게 없어요.

The passionate ones, the ones who go after what they want well, they may not get what they want. But at least they remain vital. So when they lie on their death beds, they have few regrets.

490 내 말은, 자아의 성질과 영혼의 실존에 관한 철학적 질문 말이야, 내가 과연 나일까? 말코비치가 말코비치일까?

I mean, it raises all sorts of philosophical-type questions about the nature of self, about the existence of a soul. You know, am I me? Is Malkovich, Malkovich?

외로움이 낳은 비극

〈엘리펀트 송(La chanson de l'elephant)〉(2014)

감독: 찰스 비나메 | 주연배우: 자비에 돌란

어렸을 때 받은 상처와 외로움, 결핍은 쉽게 낫지 않고 무의식 안에서 우리를 괴롭게 만듭니다.

영화 〈엘리펀트 송〉은 그런 결핍과 상처에 관한 이야기입니다. 단지 사랑받고 싶은 욕망을 채우지 못해서 일어나는 비극적인 상황은 두 사람의 심리극으로 묘사됩니다. 정신과 의사와 소년이 나누는 대화에서 우리는 인간이 가지는 지극히 일반적인 욕구를 떠올릴 수 있습니다. 바로 사랑받고자 하는 욕구입니다.

491   내 방식대로 내 상담을 맡아줘요. 내가 전에 한 짓이나 사람들이 떠드는 말 말고, 지금의 내 모습으로.

Take my counsel my way. Not what I've done before or what people say, but what I am now.

492   엄마는 좋은 엄마가 되는 방법을 알고 있었어요. 지키지 못할 희망은 주면 안 됐어요.

My mom knew how to be a good mom. She shouldn't have given me hope she couldn't keep.

493   나처럼 흥미로운 사람을 본 적이 없고 내 지성이 섬뜩하면서

아름답대요. 누구한테 사랑받는 건 처음이었어요. 난 한참 전부터 제임스를 사랑했어요.

He said he has never seen anyone as interesting as me and that my intelligence is creepy and beautiful. It was my first time being loved by someone. I've been in love with James for a long time.

494 사랑했어. 걔가 원한 방식은 아니었지만, 이해하기 힘들지?

I loved her. It wasn't the way she wanted it. Hard to understand, huh?

495 난 진실을 말했어요, 당신이 제대로 듣지 않았을 뿐.

I told the truth, you just didn't hear it right.

자극적인 대중 심리

〈시카고(Chicago)〉(2002)

감독: 롭 마샬 | 주연배우: 르네 젤위거 | 아카데미 작품상

때때로 대중의 힘이 강력하게 작용하는 경우가 있습니다. 살인도 무죄로 만드는 것이 영화 속에서만은 아닙니다. 언론과 미디어의 힘에 의해 대중 심리는 누군가에게 유리한 방향으로 흘러가고 있을지도 모릅니다.

영화 〈시카고〉는 그런 대중을 술과 재즈 등의 화려함으로 치장한 뮤지컬 영화입니다. 리드미컬한 춤과 노래, 화려한 영상을 보면서

깜빡 속게 되는 환상을 체험해 보겠습니까?

496 이건 서커스요. 서커스란 말이요. 재판, 이 세상 모두 쇼의 세계요. 그렇지만 이건 확실한 스타와 하는 서커스요.

This is a circus. It's a circus. The trial, the whole world, the world of the show. But this is a circus with a solid star.

497 유명을 떨칠 수 없다면, 악명을 떨쳐라!

If you can't be famous, be notorious!

498 삶은 주는 만큼 받는 거라 하지. 그게 내가 추구하는 인생이야. 그러니 난 마땅히 받을 만해. 받는 만큼 해 주니까!

They say that life is tit for tat. And that's the way l live. So l deserve a lot of tat. For what I've got to give

499 살인은 했지만 범죄자는 아니에요!

I killed him, but I'm not a criminal!

500 고함 속에서 어떻게 진실을 듣겠어?

How can I hear the truth in a cry?

Life is Beautiful
인생은 아름다워, 1998

PART 5

지친 마음을
힐링해 주는 명대사

#힐링 #심리치유 #휴식

요즘 들어 '번아웃'에 시달리는 사람들을 종종 볼 수 있습니다. 번아
웃이란 소진증후군이라고도 불리며, 바쁜 삶에 치여 의욕을 잃고 무
기력에 빠지는 증상을 일컫습니다. 우리 모두에겐 소중한 감정과 인
격이 있습니다. 그것을 존중받지 못한 채 격무에 시달리다보면 어느
순간 몸을 짓누르는 무기력과 싸우게 될 수 있습니다.

우리는 다른 사람들이 알아주지 않는 자신의 섬세한 감정을 알아주
고, 보살필 의무가 있습니다. 올바른 휴식이 건강한 몸을 만들 듯, 정
신에도 휴식이 필요합니다. 지친 마음을 다독여주는 힐링 명대사를
함께 읽어보면 어떨까요?

빛나는 우정

〈그린 북(Green Book)〉(2018)

감독: 피터 패럴리 | 주연배우: 비고 모텐슨 | 아카데미 작품상

우리는 살면서 많은 관계를 맺으며 살아갑니다. 그중 가족, 친구는 매우 소중한 관계라고 할 수 있습니다. 대개 사람들은 자신과 비슷한 사람과 우정을 나누지만, 때로는 다르기 때문에 더 깊어지고 돈독해지는 사람이 있을 것입니다.

영화 〈그린 북〉은 정말 다른 성격의 두 사람인 운전사와 피아니스트가 두 달간의 미국 남부 콘서트를 위해 로드트립을 하면서 어쩔 수 없이 지내게 되는 과정을 다뤘습니다. 인종차별로 인한 문제를 함께 헤쳐 나가며 두 사람의 우정은 돈독해집니다. 이 영화를 보고 나면, 우정에 대해 생각해 볼 수 있겠습니다.

501 폭력으로는 절대 이기지 못합니다. 품위를 유지할 때만 이길 수 있는 겁니다.

You never win with violence. You only win when you maintain your dignity.

502 누구나 베토벤처럼 들릴 수 있습니다. 그러나 당신의 음악은 오직 당신만이 할 수 있습니다.

Anyone can sound like Beethoven. But your music, what you do, only you can do that.

503 충분히 흑인답지도 않고, 충분히 백인답지도 않다면, 그럼 난 뭐죠?

So if I'm not black enough and if I'm not white enough, then tell me, Tony, what am I?

504 사람들의 마음을 바꾸는 데는 용기가 필요해요.

It takes courage to change people's hearts.

505 세상은 첫발을 내딛는 것을 두려워하는 외로운 사람들로 가득 차 있다.

The world's full of lonely people afraid to make the first move.

가족과 유머 감각

〈토니 에드만(Toni Erdmann)〉(2016)
감독: 마렌 아데 | 주연배우: 산드라 휠러

우리는 사회생활에 시간과 열정을 쏟느라 정작 자신과 가족을 돌볼 겨를이 없습니다.

영화 〈토니 에드만〉의 '이네스'가 그런 우리의 모습을 보여주고 있습니다. 그녀는 오랜만에 집에 들르지만, 바쁘다는 핑계를 대며 가족과의 소통을 멀리합니다. 그런 이네스의 아버지 '토니'는 상당한 괴짜입니다. 스스로 역할극을 하며 흐믓해하고, 이해하기 힘든 인물입니다. 매우 다른 둘이 가족이라는 이름으로 부딪히면서, 삭막한 삶을 살던 이네스가 변화하게 되는 이야기는 가족의 소중함을 일깨워줍니다.

506 여기서 행복하게 살고 있니? 내 말은, 인생을 좀 즐기기도 하느냔 말이야.

Are you living happily here? I mean, do you enjoy your life?

507 알아요. 하지만 아빠 스스로의 해답도 갖고 있어야 하잖아요.

I know. But you have to have your own answers.

508 유머 감각을 잃지 마세요!

Don't lose your sense of humor!

509 앞만 보고 달리다가는 모든 건 지나가버려. 순간을 붙잡을 순 없잖니?

If you run forward, everything will pass. You can't hold onto a moment, can you?

510 문제는 뭔가 이루는 데에만 치중한다는 거야. 이것저것 하는 사이에 인생이 지나가 버려.

The problem is that we focus only on achieving something. Life goes by while I'm doing this and that.

자기중심적인 사랑에서
벗어나다

〈트리 오브 라이프(The Tree Of Life)〉(2011)
감독: 테렌스 맬릭 | 주연배우: 브래드 피트 | 칸영화제 황금종려상

많은 부모님들이 자식을 사랑하고, 걱정합니다. 하지만 훈육 방식에 따라 자식은 그 사랑을 충분히 느낄 수 있고, 혹은 느끼지 못할 수도 있습니다.

영화 〈트리 오브 라이프〉는 그런 내리사랑을 다루고 있습니다. 부모는 자신이 살아온 인생 경험을 통해 자식을 훈육하지만, 자식이 살아갈 세상은 다른 세상이며 부모와 자식은 서로 다른 사람이라는 것을 인정해야 합니다. 우리는 서로를 사랑하며 살아가야 합니다. 이 영화는 그 사랑이 철저하게 자기중심적 사고에서 벗어나야 한다는 메시지를 담고 있습니다.

511 인생에는 두 가지의 삶이 있다. 현실만을 좇는 삶과 사랑을 나누며 사는 삶. 어떤 인생을 살지는 네가 선택해야만 한단다.

There are two kinds of life. A life that only pursues reality, and lives with love. You have to choose what kind of life to live.

512 세상을 앞서가는 데는 지독한 의지가 필요하지.

It takes an awful will to get ahead of the world.

513 아무도 네가 불가능하다고 말하도록 허용하지 말거라.

No one will allow you to say it's impossible.

514 우리는 앞으로 여행해야 합니다. 우리는 행운이나 숙명보다 더 위대한 것을 발견해야 합니다.

We have to travel in the future. We must find something greater than good luck or destiny.

515 난 내가 원하는 것을 하지 못한다. 그래서 나는 내가 증오하는 것들만 하게 된다.

I can't do what I want. So I only do the things I hate.

음식으로 힐링하기

〈카모메 식당(かもめ食堂)〉(2006)

감독: 오기가미 나오코 | 주연배우: 고바야시 사토미

우리의 본능적인 욕구 중에는 식욕이 있습니다. 사람은 잘 자고, 잘 먹어야 건강하기 마련입니다. 그리고 단순히 배를 채우는 것뿐만 아니라 좋아하는 음식을 먹으면 마음이 든든해지기도 합니다.

영화 〈카모메 식당〉은 핀란드에서 일식당을 운영하는 세 사람의 이야기입니다. 낯선 타국에서 만났기에 어딘가 여유롭고도 각별한 사이가 된 세 사람은 서로 돕고 도우며 식당을 이끌어갑니다. 각자의 사연을 가진 인물들이 모여 맛있으면서 소박한 음식을 만드는 모습은 우리의 마음도 따뜻하게 데워줍니다.

516 어디론가 멀리 떠나고 싶었어요. 세계지도를 펴놓고 눈을 감은 채 손가락으로 한 곳을 가리켰는데 그 곳이 바로 핀란드였어요.

どこか遠く行きたかったです。世界地図を広げて目を閉じたまま指で1ヵ所を指差したんですが、それがフィンランドでした。

517 누군가 당신만을 위해 끓여주면 더욱 맛이 진하죠.

誰かがあなただけのために作ったらもっと美味しいですよね。

518 세상 어디에 있어도 슬픈 사람은 슬프고 외로운 사람은 외로워요.

世界のどこにいても悲しい人は悲しくて寂しい人は寂しいです。

519 세상 마지막 날에는 아주 좋은 재료를 사다가 사랑하는 사람들을 초대해서 성대한 파티를 열고 싶어요.

世界最後の日にはとても良い材料を買ってきて愛する人々を招待して盛大なパーティーを開きたいです。

520 하지만 언젠가는 모든 게 변하기 마련이니까요. 누구나 변하기 마련이죠.

しかし、いつかはすべてが変わるものですから。誰でも変わるものです。

성장과 배움

〈어바웃 어 보이(About A Boy)〉(2002)
감독: 크리스 웨이츠 | 주연배우: 휴 그랜트

아이들은 하루가 다르게 성장합니다. 몸뿐만이 아니라 마음도 성장합니다. 그런데 아이만 성장하는 게 아니라, 어른도 성장하면서 살아갑니다. 성장과 배움에는 나이가 없기 때문입니다.

영화 〈어바웃 어 보이〉는 혼자 살아가는 것이 편하고, '인간은 섬이다'라고 생각하는 주인공이 나옵니다. 하지만 그는 한 아이를 만나고 천천히 바뀌게 됩니다. 우리는 모두 연결되어 살아가고, 인간은 사회적 동물입니다. 이 영화에서 볼 수 있는 두 사람의 따뜻한 성장담은 외로운 현대인의 마음을 달래줄 것입니다.

521 크리스마스를 어떻게 보내느냐에 따라 지금 내가 어떤 인생을 살고 있는지 알 수 있는 법이지.

What you do with christmas is a sort of a statement about where you stand in life.

522 내 생각에, 모든 인간은 섬이다. 나는 이 말을 믿는다. 하지만 분명한 것은 일부의 섬들은 연결되어 있다는 사실이다.

In my opinion, every human being is an island. I believe this word. But what is clear is that some islands are connected.

523 마음의 문이란 건 한 사람에게 열리고 나면 다른 사람도 들락 거릴 수 있게 된다는 것이다.

The door of mind is that once it is opened to one person, the other can come and go.

524 한사람의 인생은 쇼와 같다. 난 윌쇼의 주인공이다. 그리고 윌 쇼는 1인극이다. 단역배우들은 많지만 고정배역은 나뿐이다. 나 혼자 주인공인 거다. 마커스 엄마가 자기의 쇼를 망쳐서 시 청률이 떨어진다면, 슬픈 일이긴 하지만, 그건 그녀의 문제다.

A person's life is like a show. I'm the hero of the Willshow. And Willshow is a one-man play. There are many minor actors, but I'm the only one with a fixed role. I'm the only main character. It's sad, but that's her problem if Marcus' mother spoils her show and her ratings go down.

525 세상은 하나나 둘로는 살아가기 힘들다. 그 이상이 필요하지. 그래야 뒤로 물러서서 쉴 수도 있지.

The world is hard to live in one or two. I need more than that. That way you can step back and rest.

행복이란 뭘까?

〈꾸뻬씨의 행복여행(Hector and the Search for Happiness)〉(2014)
감독: 피터 첼섬 | 주연배우: 사이먼 페그

많은 사람들이 '행복'에 대해 이야기합니다. 우리는 행복한 삶을 위해 공부하고, 일하고, 건강을 관리합니다. 그런데 과연 행복의 정의는 무엇이고, 행복은 어디에 있을까요?

영화 〈꾸뻬씨의 행복여행〉은 그 물음에 작은 힌트를 선물합니다. 세계 각지를 여행하면서 행복에 대해 알아가는 정신과 의사 '헥터'의 이야기는 헥터뿐만 아니라 여행 중에 만난 여러 사람의 사연을 들려줍니다. 여행지에서 만난 수많은 인연들을 통해 '행복 리스트'를 완성해 나가는 그의 도전을 보면, 관객들도 어디론가 훌쩍 떠나고 싶어질 것입니다.

526 다른 사람과 비교하는 건 자신의 행복을 망친다.

Making comparisons can spoil your happiness.

527 첫 번째 실수는 행복을 삶의 목표라고 믿는 데에 있다.

It is mistake to think that happiness is the goal.

528 행복은 자기 자신 그대로의 모습대로 사랑받는 것이다.

Happiness is to be loved for exactly who you are.

529 행복은 내가 진정 살아 있다고 느낄 때 찾아온다.

Happiness comes with when you feel truly alive.

530 행복은 축하할 줄 아는 것이다.

Happiness is knowing how to celebrate.

상처에는
온기가 필요하다

〈우리는 동물원을 샀다(We Bought a Zoo)〉(2011)

감독: 카메론 크로우 | 주연배우: 맷 데이먼

우리는 살면서 크고 작은 상처를 받으며 살아갑니다. 그리고 상실의 상처는 쉽게 낫지 않습니다.

영화 〈우리는 동물원을 샀다〉의 주인공 '벤자민'은 두 아이의 아버지이자 가장이었지만, 사랑하는 아내와 사별하고 그 상처를 잊지 못했습니다. 그리고 아이들과 새로운 마음으로 시작하기 위해 이사를 갑니다. 이사할 집은 낡은 대저택에다 야생 동물까지 함께 있는, 폐장 직전의 동물원이었습니다. 동물을 보살피며 함께 살아가고, 온기를 나누는 모습은 주인공뿐 아니라 관객의 상처도 치유해 줍니다.

531 때로 미친 척하고 딱 20초만 용기를 내 볼 필요가 있어. 정말 딱 20초만 창피해도 용기를 한 번 내 봐. 그럼 너에겐 정말로

멋진 일이 생길 거야.

You know, sometimes all you need is twenty seconds of insane courage. Just literally seconds of just embarrassing bravery and I promise you something great will come of it.

532 용감한 주인을 환영합니다.

Welcome Brave New Owners.

533 당신같이 아름다우신 분이 왜 저 같은 사람을 상대하고 있나요? / 안 될게 뭐가 있어요?

Why would a beautiful woman like you talk to a stranger like? / Why not?

534 아뇨, 전 아무런 발전도 없이 여기에 앉아 있을 생각 없어요. 특히 이 동정의 왕국에서!

No, I'm not gonna sit around here and spin my wheels and live in a state of sponsored Pity.

535 이건 모험의 끝을 보려는 게 아니에요. 왜냐하면 그건 모험이 아니기 때문이죠. 그렇기에 이곳에선 어떠한 일이든 벌어질 수 있습니다. 그리고 전 여러분을 사랑해요.

It's not about where an adventure ends, 'cause that's not what an adventure's about. So anything that happens from here on out is a bonus. And I love you guys.

성공보다 중요한 것

〈파퍼씨네 펭귄들(Mr. Popper's Penguins)〉(2011)

감독: 마크 워터스 | 주연배우: 짐 캐리

우리는 성공하기 위해 부단히 노력합니다. 그것은 어디까지나 행복해지기 위해서입니다. 하지만 행복은 사회적인 성공에 걸려 있는 것이 아닙니다.

영화 〈파퍼씨네 펭귄들〉은 재치 있는 상황을 통해 그 메시지를 전달합니다. 성공한 협상가인 '파퍼'가 돌아가신 아버지로부터 살아 있는 남극 펭귄들을 배달 받으면서 시작되는 이 이야기는 승진과 성공보다 더 중요한 것이 삶에 있다는 메시지를 담고 있습니다. 귀여운 펭귄들과 따뜻한 메시지를 전하는 〈파퍼씨네 펭귄들〉은 온가족과 함께 볼 수 있는 힐링 영화입니다.

536 펭귄이란 동물은 사랑을 한번 주면 절대 잊지 않는 동물이지.

Penguins are animals that never forget once you give them love.

537 프랭클린, 제가 얼마나 오래 당신과 일했죠? 얼마나 많은 축구 경기를 제가 못 봤는지 아세요? 우린 대체 뭘 위해 이러는 거죠? 이건 진짜 내가 놓치면 안 되는 부분이라구요.

Franklin, how long have I been working with you? Do you know how many soccer games I haven't seen? What the hell are we doing this for? This is something I really shouldn't miss.

538 모든 것을 가질 때 가장 힘든 점은 정말로 없는 것을 발견하는 것이다.

The hardest things about having it all is discovering what's really missing.

539 정말 미안하구나. 너무나 오랜 시간 동안 전 세계를 다 돌아다니고 난 다음에야 네가 얼마나 소중한 존재였다는 것을 깨닫게 되었으니 말이다.

I'm so sorry that it's taken me all this time, and all these countries, to realize you were the big one My greatest adventure.

540 난 내가 잃어버린 것을 다시 찾을 수 없지만, 이 돌아, 너는 아직 그럴 수 있는 시간이 있단다.

I can never get back the time we lost, but you can still have your time.

5-9

순수한 열정

〈싱 스트리트(Sing Street)〉(2016)

감독: 존 카니 | 주연배우: 페리다 월시-필로

한때 꿈꿨던 것들을 영화에서 다시 볼 때가 있습니다. 청소년기에 품었던 열정과 첫사랑, 음악, 가족을 생각하면 추억이 새록새록 떠오릅니다. 우리도 대범하고 순수한 열정을 품었을 때가 있습니다.

그것을 되새겨주는 영화 〈싱 스트리트〉는 음악에 대한 열정을 보여줍니다. 매 순간 최선을 다해 꿈을 향해 달려가고, 때로는 갈등하지만 때로는 대범하게 도전하는 모습을 보고 있으면 넘치는 에너지를 느낄 수 있습니다.

541 슬픔을 행복해하지 못하는 게 네 문제야. 하지만 사랑이란 그런 거야, 코스모. 행복한 슬픔 말이야.

Your problem is that you're not happy being sad. But that's what love is, Cosmo. Happy sad.

542 절대 적당히 해서는 안 돼. 알겠니?

You can never do anything by half; do you understand that?

543 너랑 나는 사는 세상이 달라. 넌 내 노래의 소재일 뿐이지. 넌 박살낼 줄만 알지, 뭔가를 만들어내지는 못하잖아.

Maybe you're living in my world. I'm not living in yours. You're just masterial for my songs. You only have the power to stop things, but not to create.

544 난 그냥 걔가 무척 멋진 사람이라고 생각해. 가끔은 쳐다만 봐도 눈물이 날 것 같아.

I think she's an amazing human being, never seen anyone like her. Sometimes I just wanna cry looking at her.

545 지금 가지 않으면 절대 못 가니까. 지금 알아내지 못하면 절대 모르니까.

You're never gonna go if we don't go now. You're never gonna know if you don't find out.

5-10

위로가 되는 자연

〈리틀 포레스트(リトル·フォレスト)〉(2014)

감독: 모리 준이치 | 주연배우: 하시모토 아이

종종 어딘가 허전한 밤이 있습니다. 마음이 빈 것 같이 느껴질 때가 있습니다. 그럴 때마다 스스로를 달래고 위로하는 방법을 생각합니다. 우리는 영화를 볼 수도 있고, 산이나 바다로 갈 수도 있고, 책을 읽을 수도 있습니다. 맛있는 것을 먹을 수도 있고요.

영화 〈리틀 포레스트〉는 사계절의 자연 풍경과 자연에서 얻은 재료로 만드는 소박한 요리를 보여줌으로써 우리의 마음을 편안하고 따뜻하게 만들어줍니다. 그저 보기만 했을 뿐인데, 영화가 끝나고 나면 허전했던 마음이 든든해집니다.

546 열심히 살아온 것 같은데, 같은 장소에서 빙글빙글 원을 그리며 돌아온 것 같아 좌절했어. 하지만 경험을 쌓았으니 실패를

했든 성공을 했든 같은 장소를 헤맨 건 아닐 거야.

一生懸命生きてきたみたいだけど、同じ場所でくるくると円を描きながら帰ってきたみたいで挫折した。しかし、経験を積んだから、失敗しても成功しても、同じ場所を迷ったわけではないだろう。

547 추우면 힘들긴 하지만, 춥지 않으면 만들 수 없는 것도 있다. 추위도 소중한 조미료 중 하나다.

寒いと大変だが、寒くなければ作れないものもある。寒さも大切な調味料の一つだ。

548 혼자선 열심히 살아가는 거 대단하다 생각하는데, 한편으론 제일 중요한 뭔가를 회피하고 그 사실을 자신에게조차 감추기 위해 '열심히' 하는 걸로 넘기는 거 아닌가 싶어. 그냥 도망치는 거 아니야?

一人で一生懸命生きているのがすごいと思うが、一方では一番大事な何かを回避し、その事実を自分さえにも隠すために「一生懸命」ということでやり過ごしているのではないかと思う。そのまま逃げるんじゃないの?

549 벼는 사람의 발소리를 들으며 자란다.

稲は人の足音を聞きながら育つ。

550 요리는 마음을 비추는 거울이야.

料理は心を映す鏡だよ。

도전과 성장에는
한계가 없다

〈스탠바이, 웬디(Please Stand By)〉(2017)
감독: 벤 르윈 | 주연배우: 다코타 패닝

우리는 용기를 내서 도전하며 살고 있지만, 도전이 꼭 성공으로 끝나지는 않습니다. 난관이 많이 남아 있는 것처럼 느껴질 때도, 삶이 막막하게 느껴질 때도 있기 마련입니다.

영화 〈스탠바이, 웬디〉는 그런 우리에게 치유와 희망을 선물하는 이야기를 그리고 있습니다. 자폐를 가진 웬디가 시나리오 공모전에 자신의 글을 내기 위해 혼자서 LA에 가는 여정은 만만치 않습니다. 하지만 자신의 꿈을 이루기 위해 모험하며 난관에 부딪히고 그것을 헤쳐 나가는 모습을 보면 어느새 우리도 삶에 대한 용기를 찾게 됩니다.

551 논리적인 결론은 단 하나, 전진입니다.

There is only one logical direction in which to go: forward.

552 뭔가를 쓴다는 것이 얼마나 어려운지 아시나요?

Do you know how difficult it is to write something?

553 왜 같이 안 사세요? / 남의 짐이 되긴 싫거든. 각자 삶이 있는데, 좀 지나면 거기 낄 자리가 없어지지.

Why don't you live with me? / I don't want to be someone else's burden. Each has his own life, but after a while, there's no room for it.

554 아가, 사람들한테 이용당해선 안 돼. 알겠니?

Baby, you shouldn't be used by people. Do you understand?

555 미지의 세계는 정복해야지, 두려워할 게 아니네.

Don't be afraid, Jim. The unknown is there for us to conquer, not to fear.

치유 여행을 떠나다

〈먹고 기도하고 사랑하라(Eat Pray Love)〉(2010)
감독: 라이언 머피 | 주연배우: 줄리아 로버츠

사람은 살면서 사랑에 상처받는 일도 생깁니다. 주저앉고 싶어질 때도 있습니다. 방황은 꼭 10대, 20대만 하는 것이 아니라 모든 사람이 방황할 수 있습니다.

영화 〈먹고 기도하고 사랑하라〉는 결혼 8년차인 주인공이 이혼을 결심하고 중년으로 내달릴 즈음에야 자신의 모습을 치유하고자 여행을 떠나는 이야기를 다루고 있습니다. 다른 사람과의 관계로 줄곧 흔들리기만 했던 삶을 바로잡는 과정을 관객의 시점으로 따라가면서 우리는 주인공에게서 삶을 치유하는 방법을 배울 수 있습니다.

556 도망가는 게 아니라 변화가 필요한 거야. 나도 전엔 음식에든 삶에든 의욕이 있었어. 근데 이젠 아니야. 뭔가 색다른 곳에 가고 싶어.

I don't run away, I need a change. I used to be enthusiastic about food and life. But not anymore. I want to go somewhere new.

557 제 인생 하나가 그 좁은 데 다 들어가네요.

My whole life goes into that little place.

558 뭔가 새로운 걸 배울 때는 마음을 정중히 해야 해요.

You have to be polite when you learn something new.

559 아가씨가 매일 입을 옷을 고르는 것처럼 생각을 고르는 법도 배워야 해.

You have to learn how to choose your thoughts, just as you choose what to wear every day.

560 온갖 재난, 약탈을 극복한 그곳을 보면서 난 느꼈어. 어쩌면 내 인생은 내가 생각했던 것만큼 엉망이 아니었는지도 모른다고. 어, 나쁜 건 세상 무언가에 집착하는 거라고. 파괴는 선물이야. 파괴가 있어야 변화가 있지.

I felt it when I saw the place that overcame all kinds of disasters and looting. Maybe my life wasn't as messed up as I thought. Yeah, the bad thing is being obsessed with something in the world. Destruction is a gift. There needs to be destruction to make a difference.

5-13

경험은 결코 늙지 않는다

〈인턴(The Intern)〉(2015)
감독: 낸시 마이어스 | 주연배우: 앤 해서웨이

　　진정으로 조언을 해 줄 수 있는 사람이 곁에 있다면, 그 사람을 소중히 여겨야 합니다. 왜냐하면 나이가 들수록 서로 의지하고, 조언하는 관계가 점점 줄어들기 때문입니다. 또한 경험이 많은 사람을 존중해야 합니다.

　　영화 〈인턴〉에서 보여주는 '벤'의 모습이 그러합니다. 자신의 풍부한 인생 경험을 활용하여 사람들에게 화내지 않고, 포용하고, 도움이 필요한 사람들에게 필요한 만큼의 도움을 줍니다. 나이는 숫자일 뿐, 성숙한 사람은 언제나 좋은 관계를 맺을 수 있습니다.

561　뮤지션한테 은퇴란 없대요. 음악이 사라지면 멈출 뿐이죠. 제 안엔 아직 음악이 남아 있어요.

I read somewhere that musicians don't retire. They stop when there's no more music in them. Well, I still have music.

562　경험은 결코 늙지 않는다. 경험은 결코 시대에 뒤떨어지지 않는다.

Experience never gets old. Experience never goes out of fashion.

563　사랑하고 일하라, 일하고 사랑하라. 그게 삶의 전부다.

Love and work, work and love. That's all there is.

564 내 인생에 구멍이 있다는 걸 알아요. 그리고 난 빨리 그걸 채워야 해요.

I know there is a hole in my life. And I need to fill it soon.

565 옳은 일을 하는 건 절대 나쁜 일이 아니에요.

You're never wrong to do the right things.

진짜로 살고 싶은 삶

〈악마는 프라다를 입는다(The Devil Wears Prada)〉(2006)
감독: 데이빗 프랭클 | 주연배우: 메릴 스트립

우리 모두 각자의 꿈이 있고, 살고 싶은 삶이 있기 마련입니다.

영화 〈악마는 프라다를 입는다〉는 저널리스트가 꿈이었으나, 최고의 패션 매거진 '런웨이'의 편집장 '미란다'의 비서가 된 주인공의 이야기를 그립니다. 처음에는 최악의 패션 센스와 무관심으로 눈총을 받지만, 주변의 도움으로 변화해가는 주인공은 패션과 패션에 대한 주변 인물들의 열정을 알아갑니다. 우리도 영화를 보며 각각 다른 형태의 꿈과 성공에 대한 생각들을 자연스럽게 이해할 수 있습니다. 그리고 주인공 '앤드리아'가 정말로 살고 싶은 삶과 자신의 삶을 짚어볼 수도 있겠습니다.

566 솔직히 네가 뭘 노력하는데? 전설적인 디자이너들이 수없이 거쳐 간 이곳을 위해 남들은 죽는 시늉도 해.

Honestly, what are you trying to do? People pretend to die for this place where legendary designers have gone through countless times.

567 네가 이런 삶을 원한다면, 선택은 필수지.

You want this life, Choices are necessary.

568 다만 네가 뭘 하든 초심을 지키길 바랄 뿐이야.

I just want you to keep your original resolution no matter what you do.

569 미란다가 당신에 대한 말을 친필로 보냈더군요. '내게 가장 큰 실망을 안겨준 비서다. 하지만 채용 안 하면 당신은 멍청이다.' 일을 제대로 했나 봐요.

Miranda sent me a message about you in her own handwriting. "He is the secretary who has caused me the biggest disappointment. But if you don't hire, you're a fool." I guess you did your job right.

570 정말… 넌 참 날 많이 닮았어. 넌 남들이 뭘 원하는지, 뭘 필요로 하는지를 알지. 그리고 너 스스로 결정할 줄도 알지.

I really… I see a great deal of myself in you. You can see beyond what people want and what they need and you can choose for yourself.

죽기 전에
꼭 해야 할 일

〈버킷리스트(The Bucket List)〉(2007)
감독: 로브 라이너 | 주연배우: 잭 니콜슨

갑자기 시한부 선고를 받게 된다면, 여러분은 그동안 하고 싶었던 일을 할 수 있습니까? '버킷리스트'라는 말은 죽기 전에 할 일을 적은 목록입니다. 여러분의 버킷리스트는 무엇인가요?

영화 〈버킷리스트〉의 두 인물은 길어야 1년밖에 남지 않았다는 시한부 선고를 받은 이후에 스카이다이빙을 시작으로 자동차 경주, 이집트 피라미드에 오르기, 홍콩 여행 등 다양한 경험을 합니다. 어쩌면 희망을 잃을 수도 있는 순간에 서로에게 용기가 되어 삶의 피날레를 화려하게 장식하는 두 사람을 보며 우리도 긍정적인 에너지를 얻게 됩니다.

571 인생에서 기쁨을 찾았는가? 당신의 인생이 다른 사람들을 기쁘게 해 주었는가?

Have you found joy in life? Has your life made others happy?

572 우리네 삶은 흐르는 물 같아. 하나의 강에서 만나 폭포 너머 안개 속 천국으로 흐른다네.

Our lives are like flowing water. They meet in a river and pass the waterfall to heaven in the fog.

573 내게 죽음이 찾아오기까지, 남은 시간을 알면 자유로워질 거라고 생각했다. 그러나 그렇지 않았다.

I thought I would be free if I knew what time I had left. But it wasn't.

574 이기적으로 들릴지도 모르지만, 그가 살아 있던 마지막 몇 개월이 나에겐 최고의 시간이었습니다.

It may sound selfish, but the last few months of his life were the best for me.

575 그가 죽을 때, 눈은 감겼지만 가슴은 열려 있었다.

When he died, his eyes were closed but his heart was open.

사람은 관계로서
살아간다

〈오베라는 남자(A Man Called Ove)〉(2015)

감독: 하네스 홀름 | 주연배우: 롤프 라스가드

　선함을 추구하는 사람은 멋져 보이지 않고, 자신의 이익만을 위해 사는 사람이 멋져 보이는 경우가 있습니다. 경쟁하는 사회를 살면서, 가해자로서의 약탈적 경험은 어느새 우리의 일상에서 부러움이 되고 따라 하고 싶은 매력이 되어버렸습니다. 이런 사회를 바라보는 우리의 시선이 냉소적으로 변하는 것은 자연스러운 것입니다.

영화 〈오베라는 남자〉는 그런 시선을 비판하면서 '서로 돕고 사는 세상'을 말합니다. 무뚝뚝한 주인공이 갖고 있는 사연을 알게 되면서 우리는 사회의 따뜻한 일면을 보게 됩니다.

576 죽지 않으려면 죽을 만큼 버텨야 돼!

If you don't want to die, you have to hold out to death!

577 소냐에 대해 재잘재잘 떠드는 모든 것들이, 그 소음들이, 내 기억 속에 조금밖에 안 남은 소냐의 목소리를 잊게 만들어. 나한테는 소냐를 만난 것 이전에는 아무것도 없었고, 앞으로도 그럴 거야.

All the chatter about Sonya, the noise, makes me forget her voice, which is only a little left in my memory. I didn't have anything before I met Sonya, and I'm sure I will.

578 나는 나의 분노를 역이용해서 다시 살아보려고 미친 듯 노력했지.

I tried frantically to take advantage of my anger and live again.

579 사람은 도구로서 사는 존재가 아니라 관계로서 살아가는 존재인 거야!

Man is not living as a tool but as a relationship!

580 정직한 게 최선이야. 하지만 그게 항상 쉽지는 않아. 그럴 때면

도움을 받아서 옳은 길로 가면 되는 거야.

It's best to be honest. But it's not always easy. When that happens,
you can get help and go the right way.

우정에는 한계가 없다

〈언터처블: 1%의 우정(Untouchable)〉(2011)
감독: 올리비에르 나카체 | 주연배우: 프랑수아 클루제

때로는 다른 이들의 동정이 싫을 때가 있습니다. 우리는 함께 서로를 의지하며 살아가기를 원하지, 동정을 받고 도움만 받으며 살아가고 싶어 하지는 않습니다.

영화 〈언터처블: 1%의 우정〉에서는 그런 심리를 다루고 있습니다. 주인공 '필립'은 상위 1% 백만장자이지만 전신 불구로 살아갑니다. 그리고 가진 것 없지만 거칠고 솔직한 '드리스'가 그의 간병인이 되어 함께하자 둘은 참된 우정을 나눌 수 있었습니다. 진정한 우정은 서로를 편견 없이 바라보는 것에서 출발합니다. 둘의 우정을 보고 나면 마음이 한결 따뜻해집니다.

581 사람들은 왜 예술에 관심이 있을까? 우리 흔적을 남기려는 거야.

Why are people interested in art? I'm trying to leave a trace of us.

582 나에게 진짜 장애는 휠체어를 타는 것이 아니야. 아내 없이 살아야 한다는 것이지.

The real disability for me is not to ride in a wheelchair. I have to live without a wife.

583 당신을 말처럼 뒷좌석에 싣기 싫어요.

I don't want you in the back seat like a horse.

584 그와 함께 있으면 내게 장애가 있다는 게 느껴지지 않아.

When I'm with him, I can't feel I'm disabled.

585 괜찮아요. 내가 곁에 있어요.

It's okay. I'm with you.

5-18

잃어버린 기억을 찾아서

〈마담 프루스트의 비밀정원(Attila Marcel)〉(2013)
감독: 실뱅 쇼메 | 주연배우: 귀욤 고익스

우리의 기억은 상당히 애매합니다. 힘들 때는 좋은 추억이 떠오르지 않고, 힘들었던 기억만이 머릿속을 장악하게 됩니다. 그렇게 우리는 즐거웠던 추억을 잊고 살아가고는 합니다. 홍차에 적신 마들렌을 먹고 추억을 떠올리는 장면을 본 적 있으신가요?

영화 〈마담 프루스트의 비밀정원〉은 마르셀 프루스트의 「잊어버

린 시간을 찾아서」라는 소설을 모티브로, 아픈 과거를 지닌 주인공
이 상처를 딛고 일어서는 과정을 담고 있습니다. 아픈 과거의 진실
을 마주하면서 주인공은 충격을 받기도 하지만, 그 속에서 자신이
원하는 것을 찾고 더 성숙해집니다. 잊어버린 기억이 있으신가요?

586 너의 엄마가 어디 있는지 알아. 바로 너의 머리야. 그 추억은
강가의 물고기처럼 머리 깊숙이 살고 있단다.

I know where your mother is. It's your head. The memory lives
deep in your head like a fish by a river.

587 기억은 음악을 좋아하거든. 기억들이 좋아할 만한 미끼를 던
져보자.

My memory likes music. Let's throw a bait that our memories will
like.

588 나쁜 추억은 행복의 홍수 아래 가라앉게 해. 네게 바라는 건
그게 다야. 수도꼭지를 트는 건 네 몫이란다.

Bad memories sink under a flood of happiness. That's all I want
from you. It's up to you to turn on the faucet.

589 어느 쪽도 원치 않아요. 내 아들은 자기 뜻대로 살 거예요. 멋진
가족이라면 그가 어느 장단에 춤출지 결정하지 않을 거예요.

I don't want either. My son will live his own way. A nice family
wouldn't decide which rhythm he'd dance to.

590 기억은 일종의 약국이나 실험실과 유사하다. 아무렇게나 내민

손에 어떤 때는 진정제가, 때로는 독약이 잡히기도 한다.

Memory is similar to a kind of pharmacy or laboratory. Sometimes sedatives, sometimes poisons, are caught in the hands of a carefree hand.

5-19

음식으로
치유하는 마음

〈심야식당(續·深夜食堂)〉(2016)
감독: 마츠오카 조지 | 주연배우: 코바야시 카오루

모두가 바쁘게 움직이는 퇴근길, 어느 날은 바로 집으로 들어가기 아쉬워지는 날이 있습니다. 마음이 헛헛할 때 가장 먼저 떠올리는 것은 음식과 사람입니다. 맛있는 음식을 먹거나 좋은 사람을 만나면 우리의 마음은 자연스럽게 치유됩니다. 가장 좋은 건 좋은 사람과 좋은 음식을 먹는 것이겠죠.

일본의 유명 드라마이자 영화인 〈심야식당〉은 그런 사람들의 심리를 잘 보여줍니다. 저마다 사연을 가진 손님들과 진정성 있는 음식을 정성껏 내놓는 주인장의 이야기는 가슴 한 켠을 따뜻하게 만들어 줍니다.

591 사랑의 신이 장난을 치는 건지, 인연이란 참 신기하다.

愛の神様がいたずらをしているのか、縁とは本当に不思議だ。

592 하루가 끝나고 귀갓길에 서두르는 사람들. 단지, 무언가 못 다한 기분이 들어 다른 곳에 들르고 싶은 밤이 있다.

一日が終わって帰り道に急ぐ人々。ただ、何かやり残した気がして他所に道したい夜がある。

593 흐름이 안 좋을 땐 가만히 몸을 숨겨요. 삶의 형태만 유지하면 기회는 반드시 옵니다.

流れが悪い時は、じっと身を隠してくださいなしてください。生き方さえ維持すればチャンスは必ず来ます。

594 세상은 유랑하고 헤매고 돌아온다. 인생 얕보지 마!

世の中は流浪とさまよって帰ってくる。人生侮るな!

595 뭘 먹는지보단 누구와 먹는지가 더 중요한 법이지.

何を食べるかよりも、誰と食べるかが重要なものだ。

트라우마와 청춘

〈**월플라워**(The Perks of Being a Wallflower)〉(2012)
감독: 스티븐 크보스키 | 주연배우: 엠마 왓슨

어디서 오는지는 정하지 못하지만, 어디로 갈지는 스스로 정할 수 있습니다.

영화 〈월플라워〉에 등장하는 대사입니다. 월플라워는 한창 자신이 누구인지 고민하고 알아가는 10대들이 각자의 트라우마를 이겨내는 성장 스토리를 보여주는 영화입니다.

우리는 어디서 태어나고, 어떤 가족을 만날지 스스로 정하지 못합니다. 하지만 나머지는 내가 마음먹기에 달려 있는 것입니다. 우리는 누구나 주인공이 될 수 있습니다. 주변의 시선을 개의치 않고 저마다의 길로 달려 나가는 월플라워의 등장인물들을 보면 우리도 희망을 얻습니다.

596 넌 그저 지켜보고, 너만의 방식으로 이해하지. 넌 월플라워야.

You see things. You understand. You're a wallflower.

597 왜 사람들은 자기를 함부로 대하는 사람을 사랑하게 되는 걸까? / 사람들은 자신이 생각한 만큼만 사랑받기 마련이거든.

Why do I, and everyone I love, pick people who treat us like we're nothing? / We accept the love we think we deserve.

598 살아 있는 이 순간, 우린 무한하다.

And in this moment, I swear. We are infinite.

599 의사는 우리가 어디서 올지는 선택할 수 없다고 했다. 다만 그곳에서 어디를 갈지는 선택할 수 있다고 했다.

My doctor said we can't choose where we can come from. But we can choose where we go from there.

600 난 알 수 있어. 네 삶이 슬픈 이야기가 아니라는 사실을 알게 될 순간이 올 거라는 걸.

I can see it. This one moment when you know you're not a sad story.

두려움 없이
나아가는 삶

〈라스트 홀리데이(Last Holiday)〉(2006)

감독: 웨인 왕 | 주연배우: 퀸 라티파

우리는 하루하루 조용히 살아가고, 미래를 위해 현재를 저축하듯 살아가고 있습니다. 하고 싶은 일이 있어도 그것을 당장 하는 사람보다 참고 살아가는 사람들이 더 많습니다. 그런데 만약 갑자기 시한부 선고를 받게 되면 어떻게 될까요?

영화 〈라스트 홀리데이〉는 갑작스럽게 생의 마지막 여행을 떠나는 주인공의 이야기입니다. 호쾌한 성격으로 주변의 호감을 사던 주인공은 그동안 꿈꿔왔던 것들을 하게 됩니다. 사실은 당장 할 수 있었던 일인데도 미래를 위해 참아왔던 여행이죠. 행복은 언제나 현재에 있습니다. 그러니 무언가를 두려워하기보단 항상 도전하고 탐험하는 자세로 받아들여야 합니다.

601 나는 화장되고 싶어. 평생을 박스에서 보냈는데, 한 곳에 묻히고 싶지 않아.

I would like to be cremated. I spent my whole life in a box. I don't want to be buried in one.

602 다음 생에선 다른 일을 해 보자고. 더 많이 웃고, 더 많이 사랑하고, 세계를 구경하는 거야. 두려워하지만 않으면 돼.

Next time… we will laugh more, we'll love more; we just won't be so afraid.

603 하지만 난 침묵하면서 인생을 너무 낭비했어요. 두려웠었나 봐요. 그게 어떤지는 알겠죠. 우린 가치 없는 일에 너무 매달려요.

But I wasted my life too much in silence. I must have been afraid. You know what it's like. We're too hung up on worthless things.

604 당신은 뭔가 대단한 일이 일어나는 걸 기다려요. 기다리고 기다리다가, 곧 죽는다는 걸 알게 되죠.

You wait and you wait for somethin' big to happen and then you find out you gon' die.

605 출발은 결승점만큼 중요하지 않다.

The start is not nearly as important as the finish.

유쾌한 명곡에 취하다

〈맘마 미아!(Mamma Mia!)〉(2008)
감독: 필리다 로이드 | 주연배우: 메릴 스트립

ABBA의 명곡으로 유명한 뮤지컬 영화 〈맘마 미아!〉는 결혼식을 앞둔 주인공이 엄마의 일기장을 읽고 자신의 아버지로 추정되는 세 남자를 초대하는 이야기로 시작됩니다. 언뜻 무거워질 수 있는 이야기를 유쾌한 댄스와 음악으로 즐겁게 풀어내는 영화를 보고 있으면 절로 어깨가 으쓱여집니다.

왠지 모르게 사는 게 적적하고 지루하게 느껴질 때, 사랑과 추억, 인생을 다루면서 즐거운 음악으로 마음을 치유해 주는 영화 〈맘마 미아!〉를 추천합니다.

606 인생은 짧고 세상은 넓어. 나는 많은 기억들을 남기고 싶어.

Life is short, the world is wide. I want to make some memories.

607 싫다면 그냥 가. 지금이 기회야. 미래는 없지만 후회도 없어. 망설일 필요 없어! 대답은 이미 알잖아.

If you don't like it, just go. This is your chance. There's no future, but there's no regret. You don't have to hesitate. You already know the answer.

608 우리 인생에 가장 멋진 순간은 뜻하지 않게 찾아온다.

The greatest moments of our lives come unexpectedly.

609 나는 아직도 우리의 지난여름을 기억해.

I can still recall our last summer.

610 당신의 감정을 다른 곳에 허비하지 마세요. 당신의 모든 사랑
을 나에게만 주세요.

Don't waste your feelings elsewhere. Give all your love to me only.

인생의 기회를 잡아라

〈예스맨(Yes Man)〉(2008)
감독: 페이튼 리드 | 주연배우: 짐 캐리

우리는 살면서 생각보다 많은 거절을 겪습니다. 또 그만큼 다른
사람에게 많은 것을 거절하면서 살아갑니다. 그런데 모든 권유와 제
안에 "Yes!"라고 답하면 무슨 일이 일어날까요?

영화 〈예스맨〉은 다소 우스꽝스러운 상황으로 삶의 즐거움에 다
가가는 이야기를 그렸습니다. 은둔형 외톨이처럼 지냈던 주인공은
"Yes"로 인해 새로운 배움과 새로운 만남을 경험하게 됩니다. 결국
이 영화는 인생에서 색다르고 다양한 것들을 경험할 수 있는 충분
한 기회가 많은데, 우리가 그것을 무시하며 정적으로 살아가고 있는
것이라는 깨달음을 줍니다.

611 저는 나눌 게 없는 사람인 줄 알았어요. 지금은 나눈다는 게 얼마나 중요한지 알아요.

I thought I had nothing to share. Now I know how important it is to share.

612 서약 따윈 없었어. 결국 자네의 진심에서 우러나오는 예스가 자네를 변화시키는 거야.

You didn't have a vow, but your heartfelt yes changes you.

613 세상은 하나의 커다란 놀이터인데, 사람들은 어른이 되면서 노는 법을 잊어버려.

The world is one big playground, and people forget how to play when they grow up.

614 산이 내게 오지 않으면 내가 산으로 가면 돼요.

If the mountain doesn't come to me, I can go to the mountain.

615 저는 여러분이 여러분의 인생에 '예스'를 받아들일 것을 원합니다. 우리의 '예스'는 회답을 바라고 있기 때문입니다. 우리가 '예스'라고 말할 때마다 우리는 가능성을 포착하게 됩니다.

I want you to accept yes in your life. Because our 'yes' is hoping for a reply. Every time we say yes, we get the possibility.

5-24

행복은
성적순이 아니다

〈세 얼간이|(3 Idiots)〉(2009)

감독: 라지쿠마르 히라니 | 주연배우: 아미르 칸

연일 피곤한 일상입니다. 대부분의 직장인이나 학생들이 피곤하게 살아갑니다. 즐거움을 찾기보단 안정적인 미래를 위해 현재를 희생합니다. 그런 삶에 자극을 주기 위해 우리는 여가 시간에 책을 읽고, 영화를 봅니다.

영화 〈세 얼간이〉는 성적과 사회적 지위보다 행복을 너 우선시해야 한다는 메시지를 담고 있습니다. 우리는 각자의 사연 때문에 즐거움을 잊고 살아가고 있습니다. 하지만 재능을 살려 즐겁게 살다 보면 성공은 따라오는 것입니다. 유쾌한 영화를 보면서 오늘도 삶의 활력을 찾길 바랍니다.

616 성공은 쫓아가는 게 아니야. 성공이 우리를 따라오는 거지.

Success doesn't go after you. Success follows us.

617 마음에서 우러나서 공부를 하는 거지. 점수 때문에 하는 건 아니잖아. 이런 얘기가 있어. 공부는 부를 위해 하는 것이 아니라 성취하기 위해 하는 것이다.

I'm studying from my heart. It's not about the score. There's a saying. Studying is not for wealth, but for achievement.

618 그날, 난 깨달았어. 사람의 마음은 쉽게 겁을 먹는다는 걸. 그래서 속여 줄 필요가 있어. 큰 문제에 부딪치면 가슴에 손을 얹고 얘기하는 거야. 올 이즈 웰, 올 이즈 웰.

That day, I realized. People's minds are easily frightened. So you need to cheat. If you run into a big problem, you're talking with your hands on your chest. All is well, all is well.

619 서커스 사자도 채찍의 두려움으로 의자에 앉는 걸 배우지만, 그런 사자는 잘 훈련됐다고 하지 잘 교육됐다고는 안 합니다.

Circus lions learn to sit on chairs out of fear of whips, but they say they are well trained and not well-educated.

620 내일에 대한 두려움으로 어떻게 오늘을 살래?

How do you live today with fear of tomorrow?

낙담하지 않고
나아가다

〈아메리칸 셰프(Chef)〉(2014)

감독: 존 파브로 | 주연배우: 존 파브로

우리는 어려운 상황에서 희망을 잃지 않고 자신의 길을 나아가는 인물들에게서 힘을 얻습니다.

영화 〈아메리칸 셰프〉는 자신의 뜻을 펼칠 수 없는 상황에서 오랜 직장을 다니다 그만두게 된 주인공이 푸드트럭을 운영하며 겪는 일을 그리고 있습니다. 우리 사회에서 대부분의 직업이 자유롭지 않지만, 자신이 진정으로 하고 싶은 일이 있고 그게 옳다고 생각한다면 도전해 보는 것도 나쁘지 않다는 생각이 듭니다. 주변의 조력자들과 함께 꿈을 펼치는 주인공과 그가 만들어내는 맛있는 샌드위치를 보면서 관객들은 힐링 받을 수 있습니다.

621 최고의 아빠가 아니었다면 미안해.

I am sorry if I wasn't the best father.

622 내가 하는 일은 사람들의 마음을 움직이니까.

I get to touch people's lives with what I do.

623 내 인생에 일어난 모든 좋은 일은 요리 때문에 생겼어.

Everything good that's happened to me in my life came because of that.

624 하지만 난 요리를 잘해. 그래서 이걸 너와 나누고 싶고 내가 깨달은 걸 가르치고 싶어.

But I'm good at this. And I wanna share this with you. I wanna teach you what I learned.

625 이건 너의 꿈을 이루기 위한 캔버스야.

It's a blank canvas for your dreams.

Los Miserables
레 미제라블, 1999

PART 6

인간적인,
너무나 인간적인 명대사

#인간미 #따뜻함 #더불어 살아가는

사람은 실수할 수도, 상처받을 수도 있고 그것을 딛고 일어설 수도 있습니다. 흔히 다른 이에게 선행을 베푸는 사람에게 '인간적이다'라는 수식어를 붙입니다. 사람이 사람답게 살기 위해서는 어떤 것이 필요할까요? 인간은 사회적인 동물이기 때문에 더불어 살아가는 태도가 필요합니다. 가족과 함께, 친구와 함께 살아가는 사람은 인간미를 가집니다. 인간미는 사람만이 가질 수 있는 아름다움이라고 생각합니다.

여러 영화에서도 다른 사람과의 갈등을 이겨내고 함께 살아가기 위해 노력하는 인물을 다룹니다. 그런 인물들의 모습을 보면서 우리는 지금까지 충분히 타인을 존중했는지 성찰하게 됩니다.

우애 깊은 형제 이야기

〈레인맨(Rain Man)〉(1988)

감독: 배리 레빈슨 | 주연배우: 톰 크루즈 | 아카데미 작품상

영화 〈레인맨〉은 두 형제의 일주일간의 여정을 다룬 로드무비입니다. 주인공은 아버지의 유산을 받기 위해 자신이 모르고 살았던 형의 존재를 찾고, 보호소에서 형을 데리고 나오게 됩니다. 야심찬 젊은이와 자폐증이 있는 중년 남자라는 조합은 매우 어색했지만, 점점 어릴 적의 추억을 떠올리며 알 수 없는 애틋한 감정을 쌓아갑니다. 더스틴 호프만의 뛰어난 연기와 감동적인 스토리가 이끌어가는 이 영화는 관객들에게 가족의 소중함과 우리가 잊고 살던 존재에 대해 알려줍니다.

626 그는 자폐증 환자다. 그와 같은 사람들은 바보, 야만인이라고 불리고는 했다. 그에게는 어떤 결핍과 어떤 능력이 있다.

He's an autistic savant. People like him used to be called idiot savants. There's certain deficiencies, certain abilities that impairs him.

627 이걸 맞추면, 레이, 원하는 곳 어디든 네가 원하는 속도로 천천히 운전할 수 있어.

If you get this right, Ray, you can drive anywhere you want as slow as you want.

628 내가 어렸을 적에, 겁이 났을 땐 레인맨이 날 구하러 올 거라고 생각했어.

When I was a little kid and I got scared, the Rain Man would come and save me.

629 형과의 여행에 대해 아까 얘기할 때 우리가 통했다고 한 말 진심이었어. 형이 내 형이라서 기뻐.

I meant what I said when I was talking about my trip with you. I'm glad you're my brother.

630 하나는 나쁘고, 둘은 좋아. / 우린 둘이야.

One for bad, Two for Good. / We're Two for Good.

특별한 우정

〈드라이빙 미스 데이지(Driving Miss Daisy)〉(1989)
감독: 브루스 베레스포드 | 주연배우: 모건 프리먼 | 아카데미 작품상

때로는 자기와 아주 다른 사람이라고 생각한 사람과 점점 가까워지면서 그 사람도 나와 다르지 않다는 걸 느낄 때가 있습니다. 우정은 그런 힘을 갖고 있습니다.

영화 〈드라이빙 미스 데이지〉는 까다로운 성격의 부유한 유태인

부인과 흑인 운전사가 나누는 우정을 다룹니다. 처음에는 두 사람 간의 차이가 부각되는 탓에 가까워지기 어려웠지만, 험한 편견의 세월에 맞서 살아가다보니 두 사람은 깊은 우정을 갖게 됩니다. 인종을 초월한 두 사람의 진한 삶과 우정은 우리가 갈등하기보다 더불어 살아가야 하는 이유를 되새기게 해 줍니다.

631 어떻게 지내요? / 최선을 다하고 있죠. / 나도 그래요. / 그게 인생인 것 같습니다.

How are you? / I'm doing my best. / So do I. / That's what we're going to do.

632 허풍을 떨 생각이라면 딴 데 가서 알아보시지.

If you're going to lie like a rug, I think it's time for you to go somewhere else.

633 나는 이런 일마저 허락을 받아야 하는 존재가 아니라고요.

I don't even need permission to do this.

634 우정의 위대함이란 서로 아무런 설명을 하지 않아도 되는 것이다.

The greatness of friendship is that one has to explain nothing.

635 변화의 시대에 가장 슬픈 비극은 선한 사람들의 소름 끼치는 침묵과 무관심입니다.

The saddest tragedy in the age of change is the appalling silence and apathy of good people.

6-3

역사와 개인,
그리고 우정

〈늑대와 춤을(Dances With Wolves)〉(1990)
감독: 케빈 코스트너 | 주연배우: 케빈 코스트너 | 아카데미 작품상

미국에는 원주민들을 잔인하게 몰아낸 역사가 있습니다.

인디언의 땅이었던 아메리카대륙을 백인들이 들어와 차지하는 바람에, 사냥하고 자연을 즐기며 부족 간의 평화를 누리던 인디언들은 점점 그들의 영토에서 밀려납니다. 영화 〈늑대와 춤을〉은 그런 역사 속에서도 개인 간의 우정을 꿈꾸는 영화입니다. 젊은 장교가 인디언 수우족과 가족처럼 지내며 진정한 우정을 나누는 감동적인 내용의 영화는 인디언들을 편견없이 매우 순박하고 선량하게 그려냈습니다. 역사적 아픔 속에서도 개인 간의 우정은 존재했을 것입니다.

636 그들은 허락도 없이 자꾸 들어온다. 어떻게 막아야 할지 걱정이다. 네 말처럼 백인은 계속 올 거다. 우리는 우리의 땅을 지키기 위해 싸울 것이다.

They keep coming in without permission. I'm worried about how to stop it. Like you said, white people will keep coming. We will fight to protect our land.

637 모든 동물들의 고향이라고 하는 곳이다. 인간을 먹이기 위해

평원에 흩어져 있다. 우리의 적도 인정한다. 신성한 곳이라는 것을.

It's the home of all the animals. strewn across the plains to feed human beings. I admit our enemy. It's a sacred place.

638 인생을 살아가는 데는 많은 길이 있지만, 가장 멋진 길은 참다운 인간으로 사는 거지.

There are many ways to live life, but the coolest way is to live as a true human being.

639 내 일기장, 그 일기는 내 기록이다. 그걸 버리고 갈 수는 없어.

My diary, that diary is my record. I can't leave it behind.

640 나는 당신의 친구이다. 당신도 항상 내 친구인가?

I'm your friend. Are you always my friend?

6-4

중산층 가정의
은밀한 비밀

〈아메리칸 뷰티(American Beauty)〉(1999)

감독: 샘 멘데스 | 주연배우: 아네트 베닝 | 아카데미 작품상

우리는 행복한 가정의 형태를 상상하고는 합니다. 이상적인 중산층 가정이라는 개념은 한국에서도, 미국에서도 유효합니다. 저마다 평화롭고 행복한, 그리고 소위 '평범하다'고 여겨질 가정환경을

상상하는 것이죠.

하지만 영화 〈아메리칸 뷰티〉는 그런 평범함에 균열을 냅니다. 주인공의 가족이 부부 모두 직업이 있고, 아이는 학교에 잘 다니고 지극히 평범한 나날을 보내는듯하지만 사실은 저마다 추한 비밀을 감추고 있는 것입니다. 가장 평범해 보이는 두 가정의 비밀을 보여주면서 영화는 우리가 생각하는 '정상성'에 의문을 드러내고 있습니다.

641 살다 보면 화나는 일도 많지만, 분노를 품어선 안 된다. 세상엔 아름다움이 넘치니까.

There are a lot of angry things in life, but you should not harbor anger. The world is full of beauty.

642 나도 한 때는 앞길이 구만 리였지.

I had my whole life ahead of me.

643 갑작스럽고 멋진 아름다움을 느끼는 순간 가슴이 벅찰 때가 있다. 터질 듯이 부푼 풍선처럼.

There are times when I feel overwhelmed when I feel sudden and wonderful beauty. Like a balloon that's swollen a lot.

644 하지만 마음을 가라앉히고 집착을 버려야 한다는 걸 깨달으면 희열이 몸안에 빗물처럼 흘러 오직 감사의 마음만이 생긴다. 소박하게 살아 온 내 인생의 모든 순간들에 대하여.

However, when you realize that you have to calm down and get rid of your obsession, joy flows into your body like rain, creating only a sense of gratitude. Every moment of my life that I've lived in a simple way.

645 오늘은 당신 남은 인생의 첫 번째 날이에요.

Today is the first day of the rest of your life.

죄 없는 사형수와
착한 사람들

〈그린 마일(The Green Mile)〉(1999)

감독: 프랭크 다라본트 | 주연배우: 톰 행크스

세상에는 악행을 일삼는 사람들도 있지만, 선행을 베푸는 사람들도 있습니다. 그것을 과감하게 보여준 영화가 〈그린 마일〉입니다. 사람들을 치유하는 놀라운 기적을 베푸는 사람은 다름 아닌 사형수입니다. 주변의 교도관들은 점차 그가 살인을 저지른 사람이 아닌 것을 알게 되지만, 그것을 증명할 방법은 없습니다.

영화의 제목인 '그린 마일'은 사형수가 마지막에 걷게 되는 길을 뜻합니다. 과연 이 사형수와 교도관들이 보여주는 일화는 어떻게 감동을 자아낼 수 있을까요? 교도소에서 이루어지는 동화 같은 이야기는 가슴을 무겁게 만듭니다.

646 시간은 모든 걸 앗아가지. 좋든 싫든 간에.

Time takes it all, whether you want it to or not.

647 고통이 우리의 얼굴에 흔적을 남기고 우리 모두를 가족처럼 보이게 하는 건 이상해.

It's strange how pain marks our faces, and makes us look like family.

648 우린 또 한 번 우리가 절대 만들어내지 못할 것을 파괴했어.

We have once again succeeded in destroying what we could not create.

649 연필과 기억의 조합은 실용적인 마법을 만든다고 믿어. 마법은 위험하지.

I believe that the combination of pencil and memory creates a kind of practical magic, and magic is dangerous.

650 우리가 자그마할 때 우리의 부모님이 말해 주는 건 남아 있어, 아무리 멍청한 말이라도.

What our parents tell us when we are small seldom goes ignored, no matter how foolish it may be.

6-6

어른과 아이의
특별한 인연

〈네버랜드를 찾아서(Finding Neverland)〉(2004)
감독: 마크 포스터 | 주연배우: 조니 뎁 | 아카데미 음악상

여러분은 '네버랜드'를 아십니까? 네버랜드는 동화 '피터 팬'에 등장하는 환상의 나라입니다. 그곳에서는 어른이 되지 않고 평생 아이로서 살아갈 수 있습니다.

영화 〈네버랜드를 찾아서〉는 상처 입은 아이와 어른이 만나 성장하는 이야기를 다루고 있습니다. 이 특별한 인연은 서로를 다독여 주고, 공감하게 만듭니다. 여러 인물들의 사연과 성장을 보고 있으면 희망을 느낄 수 있는 영화입니다. 아이로 돌아가고 싶을 때, 사는 게 어렵게만 느껴질 때, 여러분만의 네버랜드를 찾아보는 건 어떨까요?

651 누구나 슬픔을 표현하는 방식이 같은 건 아니죠.

Not everyone has the same way of expressing sadness.

652 기회를 주는 거야. 다시 힘을 내서 해 봐! 이번엔 꼭 된다고 믿어. 믿어주는 사람이 없으면 절대 잘 할 수 없단다.

I'm giving you a chance. Try it again! I'm sure it'll work this time. You can never do well without someone you trust.

653 애들은 잠을 재우면 안 돼요. 눈을 뜰 때마다 하루 더 어른이

되거든요. 그렇게 아무도 모르는 새에 어른이 되는 거죠.

Young boys should never be sent to bed. They always wake up a day older.

654 그녀는 네버랜드로 갔단다. 그리고 네가 보고 싶다면 언제든지 그녀를 찾아갈 수 있어.

She went to Neverland. And you can visit her anytime you like if you just go there yourself.

655 아기가 처음으로 소리 내어 웃을 때, 그 웃음은 천 개로 갈려서 기쁘게 깡총거리며 다녀. 그게 요정들의 첫 탄생이야.

When the first baby laughed for the first time, the laugh broke into a thousand pieces, and they all went skipping about. And that was the beginning of fairies.

6-7

가슴 아픈 사랑과 속죄

〈어톤먼트(Atonement)〉(2007)

감독: 조 라이트 | 주연배우: 키이나 나이틀리 | 아카데미 작품상

세상에는 용서받을 수 없는 죄가 있습니다. 용서받을 대상이 이미 세상에 없다면 용서받을 수 없는 죄가 되는 겁니다. 그래서 자기 자신을 속죄하기 위해 소설을 써내려가는 인물이 있습니다. 그리고

한 연인이 있습니다.

영화 〈어톤먼트〉는 제목처럼 속죄를 다루는 작품입니다. 절절하고 애틋한 사랑을 한 두 사람이 어떻게 이별을 맞고, 어떻게 비극적인 사건을 맞이하는지 아름다운 영상으로 그려집니다. 영화를 보고 나면 사람의 마음이 얼마나 나약한지, 한 번의 거짓말이 어떻게 비극을 초래하는지 알 수 있습니다.

656 당신이 이대로 떠나버리면 행복할 거라 생각했는데, 나조차도 이렇게 내 자신을 모를 수 있는 건지 정말 바보 같아요.

I thought I'd be happy if you left like this, but I'm so stupid that even I can't understand myself.

657 나는 다시 돌아와서, 당신을 찾아 사랑하고, 당신과 결혼하고 부끄럼 없이 살 거야.

I will return, find you love you marry you and live without shame.

658 이 이야기는 다시 시작될 수 있어. 우리의 이야기도, 나도 다시 시작할 수 있어.

The story can resume, our story can resume, I'll simply resume.

659 내가 초래한 그 모든 끔찍한 고통. 정말 미안해. 정말 미안해.

All the terrible pain I've caused. I'm terribly sorry. I'm so sorry.

660 그래서 책에는 로비와 세실리아에게 그들이 삶에서 잃은 것을 주고 싶었어요.

So in the book, I wanted to give Robbie and Cecilia what they lost in life.

6-8

콤플렉스를 극복하다

〈킹스 스피치(The King's Speech)〉(2010)
감독: 톰 후퍼 | 주연배우: 콜린 퍼스 | 아카데미 작품상

실화를 기반으로 한 영화 〈킹스 스피치〉는 1939년을 배경으로 하고 있습니다. 세기의 스캔들을 일으키며 왕위를 포기한 형 때문에 본의 아니게 왕위에 오른 버티가 주인공입니다. 사람들 앞에 서면 말을 더듬게 되는 그는 말더듬증을 극복하기 위해 언어 치료사를 만납니다. 둘은 기상천외한 치료법을 통해 말더듬증 극복에 도전합니다. 과연 그는 제2차 세계대전으로 술렁이는 국민들에게 희망의 메시지를 건넬 수 있을까요?

661 그런데 당신이 말을 멋지게 더듬어서 우리는 결혼했죠.

But I thought, he stammers so beautifully, they'll leave us alone.

662 왜냐하면 내게도 말할 권리가 있으니까! 나에게도 목소리가 있으니까!

Because I have a right to be heard! I have a voice!

663 왕은 국민을 대변하기 때문에 왕이죠.

A king is a king because he speaks for the people.

664 아직 'W' 발음을 더듬는군요. / 그래야 사람들이 나인줄 알 테니까.

You still stammered on the "W". / Had to throw in a few so they knew it was me.

665 당신은 내가 아는 사람 중 제일 용감한 사람이에요. 당신은 훌륭한 왕이 될 거예요.

You're the bravest man I know. You'll make a bloody good king.

격변의 시대를 그리다

〈레 미제라블(Les Misérables)〉(2012)
감독: 톰 후퍼 | 주연배우: 휴 잭맨 | 아카데미 미술상

무척 긴 분량을 자랑하는 프랑스의 동명 소설을 원작으로 한 영화 〈레 미제라블〉은 격변의 19세기 프랑스 역사를 배경으로 전개되는 다양한 인간 군상의 이야기입니다. 잘 알려져 있듯 빵을 훔친 죄로 10년이 넘게 감옥에 있던 장 발장이 등장합니다. 선행을 베푸는 신부와 그저 법을 수호하며 죄인을 혐오하는 인물인 자베르, 그리고 공장에서 해고당한 뒤 불행한 삶을 사는 팡틴과 그의 딸인 코제트 등 여러 인물들의 인생과 혁명을 외치는 목소리를 듣다 보면 우리의 사회와 인생도 돌아보게 됩니다.

666 지나가버린 옛날, 나는 꿈을 꾸었어요. 그때는 희망이 가득하

고 삶은 살만한 가치가 있었죠.

I dreamed a dream in time gone by. When hope was high and life worth living.

667 분노한 자들의 노래를 부르는 민중들의 함성이 들리는가?

Do you hear the people sing singing a song of angry men?

668 어둠은 결국 끝나고 태양이 밝아오리니. 사슬은 끊어지고 모두가 보상받지.

Darkness ends eventually and the sun shines. The chain is broken, and everyone is rewarded.

669 도둑이나 살인자를 두려워하지 마라. 그것은 아주 작은 위험일 뿐이다. 두려운 것은 우리 자신이다.

Let us never fear robbers nor murderers. Those are dangers from without, petty, dangers. Let us fear ourselves.

670 사람은 변할 수 있다. 미래를 창조하기에 꿈만큼 좋은 것은 없다.

People can change. There is nothing like dream to create the future.

6-10

평생의 반려자

〈아무르(Love)〉(2012)

감독: 미카엘 하네케 | 주연배우: 장-루이 트린티냥 | 칸영화제 황금종려상

우리는 결혼식에서 흔히 '검은 머리 파 뿌리 될 때까지'라는 표현을 듣습니다. 머리가 하얗게 셀 때까지 함께 살아가고자 하는 말입니다.

영화 〈아무르〉는 80세가 넘은 나이에도 불구하고 여전히 서로에 대한 애정 표현을 아끼지 않는 부부가 등장합니다. 병원에 가고 싶지 않다는 아내의 바람을 들어주고자 정성껏 간병하는 남편도 나이 탓에 몸이 예전 같지 않습니다. 두 사람의 사랑은 잔잔한 영화에 담겨 진정한 인생의 배우자란 무엇인지 생각하게 만듭니다.

671 당신한테 못해 준 이야기가 내겐 아직 많아.

I still have a lot to tell you.

672 언젠가 네가 환자한테 한 거랑 똑같은 대접을 받아도 전혀 자기를 보호할 수 없는 날이 올 거야.

Someday you'll never be able to protect yourself even if you're treated the same way you've treated your patients.

673 오늘 밤에 "당신 참 예쁘다"고 말했던가?

Did I say, "You're so pretty" tonight?

674 엄마가 날 캠프에 보냈는데, 캠프에 가서 마음에 안 들면 엽서에 꽃이나 별을 그리라고 했지. 내가 보낸 엽서에는 온통 별이었어. 그 엽서를 잃어버린 게 너무 아쉬워.

My mom sent me to camp and told me to draw flowers or stars on the postcards if I didn't like them. The postcards I sent were all stars. I'm so sorry I lost that postcard.

675 아름답다 인생이… 길기도 하고. 기나긴 인생!

It's beautiful. Life is… It's long, too. A long life!

6-11

어떤 아들의 이야기

〈보이후드(Boyhood)〉(2014)

감독: 리처드 링클레이터 | 주연배우: 엘라 콜트레인 | 아카데미 작품상

사람은 모두 어렸을 적 추억을 갖고 있습니다. 한 번에 어른이 될 수 없듯, 누구나 자기만의 성장담을 갖고 있습니다.

영화 〈보이후드〉는 배우와 제작진이 12년의 긴 시간 동안 1년에 한 번씩 만나 매년 15분 정도의 분량을 촬영한 뒤 이어붙인 작품입니다. 시대순으로 이어지는 장면들이 주인공 가족의 성장을 자연스럽게 보여줍니다. 그리고 '커가는 것'에서 '나이를 먹어가는 것'으로 변해가는 과정을 의식한다는 것은 생각보다 슬픈 일이기도 합니다.

676 젊을 때는 늘 뭔가 가지려고 애썼는데, 이젠 그걸 버리며 사는 일만 남았어.

When I was young, I always tried to get something, but now all I have to do is throw it away.

677 주변 사람들이 내 인생에 간섭하는 게 너무 화가 나는데, 정작 그들은 그걸 알지도 못해.

I'm so angry that people around me interfere with my life, and they don't even know it.

678 우선 우리 엄마를 봐. 학위도 땄고, 좋은 직업도 있고, 돈도 벌지만 나만큼 헤매면서 산다는 거지.

Look at my mom first. She's got a degree, she's got a good job, she's making money, but she wanders around as much as I do.

679 흔히들 이런 말을 하지. 이 순간을 붙잡으라고. 난 그 말을 거꾸로 해야 될 것 같아. 이 순간이 우릴 붙잡는 거지. 시간은 영원한 거고, 순간이라는 건 늘 바로 지금을 말하는 거잖아.

This is what people say. Hold on to this moment. I think I have to say that backwards. This moment holds us. Time is forever, and moments are always about the present.

680 난 그냥… 뭔가 더 있을 줄 알았어.

I just… thought there would be more.

자신만의 정체성 찾기

〈레이디 버드(Lady Bird)〉(2018)
감독: 그레타 거윅 | 주연배우: 시얼샤 로넌

누구나 사춘기일 때는 자신이 특별한 존재가 아닐까 하고 꿈을 가집니다.

영화 〈레이디 버드〉는 평범하고 무난하고 지겨운 삶에서 탈피해 고유의 정체성을 찾던 10대 소녀가 자기 자신만의 스토리를 만들어 가는 성장영화입니다. 한창 방황할 나이의 청소년인 주인공이 엄마와 티격태격하는 장면들은 우리들의 어릴 적 모습을 떠올리게 합니다. 자신과 닮은 딸이기에 더 발전하기를 바라는 엄마와 자신을 내버려 두었으면 좋겠다고 생각하는 딸의 '애증 관계'가 섬세하게 담겨져 있는 영화입니다.

681 보기에 추한 게 꼭 부도덕한 건 아니라고요.

It's not necessarily immoral to look ugly.

682 아니, 난 그냥 엄마가 날 좋아해 주면 좋겠어. / 널 사랑하는 거 알잖아. / 근데 좋아하냐고.

I just wish, I wish that you liked me. / Of course I love you. / I know you love me, But do you like me?

683 난 네가 언제나 가능한 한 최고의 모습이길 바라. / 이게 내

최고의 모습이면?

I want you to be the best version of yourself. / What if this is the best version?

684 옳은 것이 중요한 것이 아냐. 진실한 것이 중요한 거야.

Right doesn't matter. The truth is what matters.

685 그냥 항상 불행한 사람도 있는 거야.

Just. There are always unfortunate people.

복지의 사각지대에서

〈나, 다니엘 블레이크(I, Daniel Blake)〉(2016)
감독: 켄 로치 | 주연배우: 데이브 존스 | 칸영화제 황금종려상

　세상은 노력하는 사람에게 무조건 성공을 주지 않습니다. 자본주의 사회에서 출발선은 동등하지 않고, 그래서 국가는 복지의 의무를 가집니다. 그런데 그런 복지 혜택을 받지 못하는 사람도 있습니다.

　영화 〈나, 다니엘 블레이크〉는 목수 생활을 해온 다니엘이 지병인 심장병으로 일을 쉬게 되어 고용 지원 수당을 신청하지만, 보기에 멀쩡하다는 이유로 반려당합니다. 그의 이웃인 케이티도 혼자 아이를 키우고 있는데 국가에선 아무것도 해 주지 않습니다. 두 사람의 이야기를

보면서 우리는 함께 살아가는 사람들을 다시금 돌아보게 됩니다.

686 나는 개가 아니라 사람입니다. 그렇기에 내 권리를 요구합니다. 나는 요구합니다. 당신이 나를 존중해 주기를.

I'm not a dog, I'm a person. So I demand my right. I demand. May you respect me.

687 나는 한 명의 시민 그 이상도, 이하도 아닙니다.

I'm no more than one citizen, no less.

688 자존심을 잃는 것은 모든 것을 잃는 것입니다.

Losing pride means losing everything.

689 난 묵묵히 책임을 다해 떳떳하게 살았습니다. 난 굽실대지 않았고 동등한 입장에서 이웃을 도왔습니다. 자선에 기대지 않았습니다.

I have lived with all my responsibilities. I didn't stoop and helped my neighbor on an equal footing. I'm not leaning on charity.

690 나는 의뢰인도 고객도 사용자도 아닙니다. 나는 게으름뱅이도 사기꾼도 거지도 도둑도 보험 번호 숫자도 화면 속 점도 아닙니다. 내 이름은 다니엘 블레이크입니다.

I'm neither a client nor a user. I'm not a lazy person, a swindler, a beggar, a thief, an insurance number, or a mole on the screen. My name is Daniel Blake.

사회적 금기를 깨다

〈와즈다(Wadjda)〉(2012)

감독: 하이파 알 만수르 | 주연배우: 와드 모하메드

사우디아라비아에서는 여성이 자전거를 타면 안 된다는 사회적 시선이 있었다고 합니다. 또한 일부다처제이고, 여성이 남성들과 함께 일하는 것도 좋지 않은 시선을 받는다고 합니다. 그런 부조리한 사회에 의해 억눌려 있는 명랑한 소녀가 주인공인 영화 〈와즈다〉는 자전거를 사기 위해 코란 암송 대회에 나가게 됩니다. 자전거를 타고 싶은 한 소녀의 순수한 도전과 사회적 변신을 다룬 영화 〈와즈다〉는 주인공 와즈다와 엄마의 사랑으로 훈훈한 결말을 맺습니다.

691 1등 상금은 어딨어? / 팔레스타인에.

Where's the first prize? / To Palestine.

692 자전거를 살 거예요. 보조바퀴 없는 걸로요. 이미 탈 줄 알거든요.

I'm going to buy a bicycle. Without a spare wheel. I already know how to ride it.

693 왜 여자는 자전거를 탈 수 없나요?

Why can't a woman ride a bicycle?

694 세상에서 네가 제일 행복했으면 좋겠어.

I want you to be the happiest in the world.

695 와즈다가 묻습니다. 세상의 시선 때문에 자신에게 꼭 필요한 것을 포기하거나 주저하고 있진 않나요?

Wazda asks. Don't you give up or hesitate to do what you really need because of the eyes of the world?

소중한 사람에게 희망을

〈블랙(Black)〉(2005)

감독: 산제이 릴라 반살리 | 주연배우: 라니 무케르지

헬렌 켈러와 설리번 선생님 이야기를 떠올리게 하는 영화 〈블랙〉은 어릴 적 고열로 인해 청각과 시각을 잃은 아이가 한 선생님을 만나 성장하는 이야기를 다룹니다. 무조건 강압적이거나 무조건 받아주지도 않는, 주인공을 한 인간으로서 대하는 선생님의 모습에 주인공의 가족은 감복하게 됩니다. 선생님과 함께 일반대학에 입학한 주인공은 번번이 낙제되지만 선생님은 호탕하게 괜찮다며 다시 공부하자고 그를 다독여줍니다. 과연 주인공은 무사히 대학을 졸업할 수 있을까요? 두 사람의 아름다운 인연은 스크린 가득 감동을 불러옵니다.

696 저 아이에게 가르쳐주지 않았던 한 단어는 "불가능"입니다.

One word I didn't teach him is "impossible."

697 인생은 아이스크림이에요. 녹기 전에 맛있게 먹어야죠.

Life is ice cream. You should enjoy it before it melts.

698 검은색은 어둠과 악마의 색만은 아니다. 성취의 색, 지식의 색은 검은색이다. 그래서 졸업식날 입는 가운이 검은색이다.

Black is not just the color of darkness and demons. The color of achievement, the color of knowledge, is black. So the gown I wear on graduation day is black.

699 사람들은 성공을 축하했으나 우리들은 실패를 축하했습니다.

People celebrated success, but we celebrated failure.

700 꿈은 눈으로 보는 것이 아니라 마음으로 보는 것이다! 난 보이지 않지만, 나도 꿈은 꾼다.

A dream is not to see with your eyes, but with your heart! I can't see, but I dream too.

6-16

평범한 영웅

〈호텔 르완다(Hotel Rwanda)〉(2004)

감독: 테리 조지 | 주연배우: 돈 치들

'영웅'이라는 단어를 떠올리면, 어딘가 비범하고 특별한 힘을 가진 존재를 생각하게 됩니다. 그런데 현실 세계에서 역사를 바꾸고 사람들을 구한 영웅은 우리처럼 평범한 인간입니다. 영웅이란 대단한 힘을 가진 사람이 아니라 어떠한 상황에서도 옳은 판단을 하는 평범한 사람들이 아닐까요?

영화 〈호텔 르완다〉는 잔인한 살육의 현장에서 100일간 1,268명의 목숨을 구한 폴 루세사바기나라는 실존 인물에 관한 영화입니다. 영화는 그가 겪은 내면의 갈등을 보여주면서, 우리에게 윤리적인 결정에 대해 깨닫게 해 줍니다.

---

701 우리를 구해 줄 사람도, 우리를 위해 나서줄 사람도 없습니다. 우리를 도울 것은 우리 자신밖에 없습니다.

No one can save us, no one can stand up for us. We are the only ones who can help us.

702 그들이 텔레비전에서 이 학살 장면을 본다면 경악을 하고 불쌍하다 말할 거예요. 그리고 다시 저녁을 먹겠죠.

If they see this massacre on TV, they'll be shocked and pathetic. And then they'll have dinner again.

703 그들이 수치심에라도 우리를 도울 수 있도록 절박하게 우리의 상황을 전달하세요.

Deliver our situation urgently so that they can help us even with shame.

704 왜 사람들은 그렇게 잔인하죠?

Why are people so cruel?

705 저들을 버릴 수 없어. 난 남아야 해.

I can't abandon them. I have to stay.

6-17

동물과의 교감

〈워 호스(War Horse)〉(2011)

감독: 스티븐 스필버그 | 주연배우: 제레미 어바인

동명의 소설을 원작으로 한 영화 〈워 호스〉는 동 물과 사람이 나눌 수 있는 감정을 다루고 있습니다. 제1차 세계대전 당시 주인공 '알버트'와 그의 말 '조이'가 겪은 일대기를 다룬 실화를 바탕으로 한 이야기입니다. 아버지가 시장에서 사온 말 조이에게 정성을 쏟던 알버트는 전쟁이 터지자 끌려간 조이를 찾아오기 위해 군 입대를 감행하게 됩니다. 과연 둘은 재회할 수 있을까요? 종을 뛰어넘은 우정은 긴 대사 없이도 짙은 여운을 남깁니다.

706 우린 형제야. 나 알버트 내러코트가 맹세할게.

We're brothers. I swear by Albert Narracot.

707 글쎄요. 내가 당신을 더 미워할지는 몰라도, 덜 사랑하진 않을 거예요.

Well, I may hate you more, but I won't love you less.

708 남자 대 남자로 얘기하지. 꼭 너의 말을 돌려줄게.

I'll talk man-to-man. I'll make sure to return your words.

709 전쟁은 모든 이에게서 모든 것을 빼앗아 가지.

War takes everything from everyone.

710 우린 다시 만날 거야. 네가 어디 있든 내가 찾아서 데려올 거야.

We'll meet again. Wherever you are, I'll find you and get you.

나는 테러리스트가 아닙니다

〈내 이름은 칸(My Name Is Khan)〉(2010)

감독: 카란 조하르 | 주연배우: 샤룩 칸

　　미국에 가해진 테러는 많은 이들에게 상처를 남겼습니다. 사람들의 의심은 선량한 사람들에게까지 향해서 사회 문제를 야기한 바 있습니다.

　　영화 〈내 이름은 칸〉은 억울한 누명을 쓴 사람들의 이야기를 조명하고 있습니다. 자폐증을 가지고 있지만 순수한 눈을 가진 '칸'은 오해가 낳은 끔찍한 사건으로 모든 것을 잃은 아내 '만다라'를 위해 대통령을 만나기 위한 여정을 시작합니다. 그가 대통령에게 전하고 싫어 하는 말은 무엇일까요?

711 아들아, 꼭 기억해두렴. 세상엔 두 종류의 사람이 있어. 좋은 행동을 하는 좋은 사람. 그리고 나쁜 행동을 하는 나쁜 사람. 하는 행동이 다를 뿐, 다른 차이점은 없단다.

Remember, son. There are two kinds of people in the world. A good person who behaves well. And a bad person who does bad things. There's only a difference in behavior is different.

712 무서워하는 건 나쁜 게 아니에요. 하지만 당신의 목표로 가는 걸 멈출 정도로 두려움을 키워선 안 돼요.

It's not a bad thing to be scared. But you shouldn't develop fear enough to stop going to your goal.

713 물리학에서 끌림 이론은, 특정 소리가 심장박동을 증가시킨다는 거죠. 내게 말이에요, 만다라. 언제나 그 특정한 소리는 당신의 웃음 소리였어요.

The theory of attraction in physics is that certain sounds increase the heartbeat. To me, Mandala. That particular sound has always been the sound of your laughter.

714 엄마가 옳았어. 가족은 혈연으로 맺어지는 게 아니다. 사랑으로 맺어지는 것이다.

Mom was right. A family isn't formed by blood. To be bound by love.

715 대통령님! 내 이름은 칸이고, 전 테러리스트가 아닙니다.

Mr. President! My name is Khan, and I'm not a terrorist.

인간적인 의사가
되기 위해

〈패치 아담스(Patch Adams)〉(1998)

감독: 톰 새디악 | 주연배우: 로빈 윌리엄스

때로는 마음의 병을 고쳐야 몸의 병이 낫는 경우가 있습니다. 그것을 모르는 의사들은 권위적으로 굴며 기술적인 부분에서만 환자를 살피게 됩니다. 그런 의사들에게 변화를 부른 의사가 있습니다. 한때 삶의 의미를 느끼지 못해서 여러 번의 자살을 시도하던 인물이 정신 병원에서 다른 환자를 도와주면서 살아갈 이유를 찾게 되어 의사가 됩니다.

그 인물의 실화를 바탕으로 만들어진 영화 〈패치 아담스〉는 환자를 증상으로 기억하던 의사들의 관행을 뒤집고 이름을 불러주고, 환자를 즐겁게 해 주는, 따뜻하고 인간적인 의사를 보여줍니다.

716 문제에만 초점을 맞추면, 결코 문제를 풀 수 없어.

If you focus only on the problem, you can never solve the problem.

717 전 정말 의사가 되고 싶습니다. 다른 이들을 돕기 위해 의사가 되었고, 그래서 모든 것을 잃었습니다. 하지만 모든 것 또한 얻었습니다.

I really want to be a doctor. I became a doctor to help others, so I lost everything. But I got everything, too.

718 의사는 단순히 의술을 시행하는 사람이 아닙니다. 의사는 무엇보다 환자의 삶의 질을 높여주는 존재가 되어야 합니다.

Doctors are not just people who practice medicine. Above all, doctors should be the ones who improve the quality of life for patients.

719 나도 모르게 널 사랑해. 언제인지, 어디서부터인지… 직선적으로 사랑해.

I love you without even realizing it' when, from where… I love you straight.

720 손가락 너머를 봐. 다른 사람들은 무서워서, 비슷해서, 게을러서 보지 않기로 선택한 걸 보게나.

Look beyond your fingers. See how other people are scared, similar, lazy and choose not to look.

6-20

따뜻한 인간미를
보여주다

〈터미널(The Terminal)〉(2004)
감독: 스티븐 스필버그 | 주연배우: 톰 행크스

어떤 사건으로 인해 공항의 터미널에서 한 달 넘게 체류하게 된 남자의 실화를 다룬 영화 〈터미널〉은 국경이 폐쇄된 모국에 돌아가지 못하고, 비자도 무효되어 미국에 가지도 못하는 남자의 상황을 보여줍니다.

낙동강 오리알처럼 무국적자가 된 그가 공항에서 여러 사람들을 만나면서 희망을 잃지 않고 기다리는 시간은 관객에게도 어렴풋한 희망의 감정을 안겨줍니다. 그는 원하던 바를 이루고 집으로 돌아갈 수 있을까요?

721 나폴레옹이 조세핀에게 뭘 선물로 줬는지 알아요? 운명이에요.

Do you know what Napoleon gave Josephine as a gift? It's fate.

722 미국에 이만큼이나 가까이 왔으면서 마지막 한 발짝 떼놓을 용기가 없다는 건가?

You come this close to America. But you don't have the courage to go from here to here.

723 제발 돕게 해 줘요. 우리 모두 당신 친구예요. 가족이나 마찬

가지라고요.

Please let me help you. We're all your friends. We're your family now.

724 가끔씩은 규정에서 벗어나 사람의 동정심을 살펴야 한다.

Sometimes you have to ignore the rules and concentrate on the people.

725 당신이요. 난 당신을 기다리고 있어요.

You. I wait for you.

바다를 보러 떠난 남자들

⟨노킹 온 헤븐스 도어(Knockin' On Heaven's Door)⟩(1997)
감독: 토머스 얀 | 주연배우: 틸 슈바이거

내가 왜 사는지 잘 모르겠다는 생각이 들 때가 있습니다. 만약 3개월 정도의 시한부 판정을 받게 된다면 그 마지막 남은 날들을 어떻게 살 것입니까?

영화 ⟨노킹 온 헤븐스 도어⟩는 뇌종양 진단을 받은 '마틴'과 골수암 말기의 '루디'가 같은 병실에 입원하면서 시작합니다. 시한부 삶을 사는 두 남자는 그동안 바다를 보지 못했다는 루디를 위해 그와 함께 병원을 탈출해 스포츠카를 훔쳐서 바다를 보러 떠나는 이야기입니다. 여러분은 그동안 해 보지 못한 것을 할 수 있다면 무엇을 할 것입니까?

726 천국에 가면 바다의 아름다움과 바다에서 바라본 석양을 얘
기할 뿐이야.

When you go to heaven, you only talk about the beauty of the sea
and the sunset from the sea.

727 발음하기도 어려운 곳으로 가자.

Let's go somewhere hard to pronounce.

728 우리는 지금 천국의 문 앞에서 술을 마시는 거야.

We're drinking in front of the gates of heaven.

729 내가 먼저 얘기하지. 두려울 것 하나도 없어.

I'll go first. There's nothing to be afraid of.

730 천국에서 주제는 하나야. 바다지. 노을이 질 때 불덩어리가 바
다로 녹아드는 모습은 정말 장관이지. 유일하게 남아 있는 불
은 촛불과도 같은 마음속의 불꽃이야.

There's only one theme in heaven. It's the ocean. When the sun
sets, the fireball melts into the sea. It's a spectacular sight. The only
remaining fire is a flame-like candle in your heart.

속마음이 들린다면?

〈사토라레(サトラレ)〉(2001)

감독: 모토히로 카츠유키 | 주연배우: 안도 마사노부

만약 자신의 속마음이 여과 없이 주변 사람들 모두에게 들린다면 어떤 일이 일어날까요?

영화 〈사토라레〉는 생각이 타인에게 들리는 특이한 인물이 등장합니다. '사념파'라고 불리는 사토라레의 생각이 들려와도 사람들은 모른 척 자연스럽게 행동합니다. 자신의 생각이 타인에게 들린다는 걸 알게 되면 괴로워하거나 이상행동을 보이게 되기 때문입니다. 이 영화의 주인공은 사토라레인 '켄이치'입니다. 의사를 꿈꾸는 그는 꿈을 이룰 수 있을까요?

731 아무렇지도 않은 척 하는 거 아니에요. 켄이치는 단지 목소리가 크고 솔직한 것뿐인걸요.

何でもないようなふりしないでください。ケンイチはただ声が大きくて素直なだけです。

732 누군가의 속마음을 알 수 있다면, 나의 속마음이 걸러지지 않은 채 노출되어 버린다면, 진정으로 내뱉는 나의 말이란 얼마나 될까?

誰かの本心を分かったら, 私の本心が濾過されないまま露出してしまったら,

本当に吐き出す私の言葉とはどれくらいだろうか?

733 우리는 우리를 표현하기 위해서 말을 사용한다기보다, 어쩌면 우리를 감추기 위한 자기방어본능으로 무수한 말을 내뱉고 있을지도 모른다.

私たちは自分を表現するために言葉を使うというより、もしかしたら、自分を隠すための自己防衛本能として無数の言葉を吐き出しているのかもしれない。

734 세상에서 제일 어려운 거짓말은 다른 사람한테 하는 거짓말이 아니라 자기에게 하는 거짓말이다.

世界で一番難しい嘘は人につく嘘ではなく、自分につく嘘だ。

735 내가 지금 여기에 살아 있는 이유가 분명히 있을 거라고 생각해요.

私が今ここに生きている理由が確かにあると思います。

축구화로 시작된 기적

〈맨발의 꿈〉(2010)

감독: 김태균 | 주연배우: 박희순

2003년부터 지금까지 동티모르 유소년축구팀을 이끌고 있는 김신환 감독의 실화를 바탕으로 만든 영화 〈맨발의 꿈〉은 정말 맨발로 축구하면서 꿈을 키우는 아이들의 모습을 보여줍니다.

오랜 식민지배와 내전의 상흔을 간직한 동티모르는 축구화 한 켤레도 귀한 나라였습니다. 단순히 취미가 아닌 인생이 걸린 축구, 그리고 내전으로 인한 분쟁과 빈곤 등 마음 졸이게 만드는 요소가 가득한 이 영화는 아이들의 순박한 미소와 스포츠 특유의 에너지로 밝은 희망을 찾게 만들어줍니다.

736 가난하면 꿈도 가난해야 돼?

If I'm poor, do dreams have to be poor?

737 정말 행복했는데, 그땐 공만 차도 그렇게 행복했는지.

I was so happy. I was so happy when I kicked the ball.

738 꼭 이기지 않아도 돼. 후회하지 않게 끝까지 최선을 다하면 되는 거야.

You don't have to win. You just have to do your best until the end so that you don't regret it.

739 이게 마지막이 아니고 그 다음이 있다는 게 눈물 나게 고맙다.

I'm so grateful that this isn't the last one, and there's another one.

740 혼자서는 못 가본 끝에 아이들과 함께라면 갈 수 있을 것 같았어.

I couldn't go alone, but I thought I could go with the kids.

어른들이 불러온 비극

〈줄무늬 파자마를 입은 소년(The Boy In The Striped Pajama)〉(2008)
감독: 마크 허만 | 주연배우: 에이사 버터필드

아이들의 순진함은 어른들이 만들어낸 현실을 다른 방향으로 이해하고는 합니다.

영화 〈줄무늬 파자마를 입은 소년〉은 제2차 세계대전을 배경으로 나치 장교의 아들인 소년 '브루노'가 아우슈비츠 수용소에 있던 '슈무엘'이라는 동갑내기 유대인 소년을 만나 친구가 되는 이야기를 다루고 있습니다. 전쟁, 학살이라는 말조차 인식하지 못하는 순진무구한 소년들의 우정은 진실을 알고 있는 우리들에게 슬픔을 가져옵니다. 어른들이 초래한 비극을 되풀이해서는 안 된다는 의지를 갖게 됩니다.

741 저건 전쟁이 아니에요!

That's not a war!

742 네가 다신 안 떠났으면 좋겠어.

I don't want you to leave again.

743 유년기는 이성의 어두운 시간이 자라기 전에 소리와 냄새와 시각에 의해 재단된다.

Childhood is cut by sound, smell and sight before dark time of reason grows.

744 왜 이곳의 농부들은 다 파자마를 입고 있나요?

Why are all the farmers here wearing pajamas?

745 우린 적이래. 친구가 될 수 없대. 너도 알고 있었어?

We're enemies. We can't be friends. Did you know that?

가정부의 삶

〈헬프(The Help)〉(2011)

감독: 테이트 테일러 | 주연배우: 엠마 스톤 | 아카데미 여우조연상

1960년대 미국은 인종차별이 심하고 많은 흑인 가정부들이 부당대우를 참으며 일했다고 합니다.

영화 〈헬프〉는 흑인들이 많이 거주하는 미시시피 지역에서 가정부들의 사연이 책으로 나오게 된 이야기를 그려냅니다. 칼럼을 쓰는 주인공이 흑인 가정부들의 생활을 듣고 책으로 쓰고 싶다고 하자 가정부들은 당황하며 그 제안을 받아들이지 않지만, 갈수록 심각해지는 차별 때문에 인터뷰에 응하며 함께 이야기를 써내려갑니다. 그녀들의 통쾌한 한 방은 성공할 수 있을까요?

746 자책하면 못 쓰는 거란다. 그게 바로 못생겨지는 거야.

Don't blame yourself. That's what makes you ugly.

747 너의 엄마가 삶을 결정지어주는 건 아니야. 네가 결정하는 거지.

Your mother doesn't decide your life. You decide.

748 매일 사람이 죽어서 땅에 묻히기 전엔 아침에 눈 뜨면 뭔가 결정을 해야 하죠. 스스로 물어야 한다고요. "오늘도 바보들이 나한테 하는 나쁜 말들을 믿어야 하나?"

Every day before a person dies and is buried, you have to make a decision when you wake up in the morning. You have to ask yourself. "Should I believe the bad things fools say to me today?"

749 유색인종과 관련한 문제를 농담으로 넘겨서는 안 돼.

You shouldn't pass the issue of colored people as a joke.

750 내가 말한 거 하나도 잊으면 안 돼. 다 기억하지? 넌 친절하고, 넌 똑똑하고, 그리고 너는 소중한 사람이야.

Don't forget anything I said. You remember everything, don't you? You're kind, you're smart, and you're precious.

The Devil Wears Prada
악마는 프라다를 입는다, 2006

PART 7

불굴의 의지를
보여주는 명대사

#인간의 한계 #의지 #노력

사람이 자신의 한계를 극복하는 순간은 언제일까요? 우리의 뇌는 새로운 것에 흥분하기도 하지만 기본적으로는 안정된 상태를 유지하려는 성향이 강합니다. 그래서 인간은 큰 변화를 지양하고 과거와 현재에 안주하려고 하는 것입니다.

하지만 본성에 따라 살다 보면 새롭게 이루는 것은 아무것도 없을 것입니다. 목표를 세웠으면 바로 현재를 바꾸어야 합니다. 내 안의 벽을 깨는 고통만이 미래를 밝힐 수 있습니다. 스스로를 위해서일 뿐만 아니라 타인을 위해, 세상을 위해 스스로 세운 벽을 깨고 한계 너머로 나아가는 사람은 많은 사람들의 기억 속에서 살아갈 것입니다.

참혹한 진실을 밝힌 기자

〈킬링 필드(The Killing Fields)〉(1984)

감독: 롤랑 조페 | 주연배우: 샘 워터스톤 | 아카데미 촬영상

　　본래 기자라는 직업은 우리가 직접 가지 못하는 곳의 소식을 전해 주는 일을 합니다.

　　영화 〈킬링 필드〉는 1972년 캄보디아 사태에서 크메르군을 섬멸하기 위해 미국 공군이 니크루움에 잘못 폭격하여 많은 민간인 사상자를 발생시킨 사건을 취재한 외신기자의 이야기를 다루고 있습니다. 현지에서 참혹한 현장을 카메라에 팀딘 두 기자는 가족을 탈출시키고 마지막까지 취재를 합니다. 참혹한 상황을 알리기 위해 위험을 무릅쓰는 기자의 직업정신과 용기를 느낄 수 있습니다.

751　이 나라는 분단됐어. 가슴 아픈 일이야. 우린 배를 띄워놓기만 했어. 이젠 돌아올 곳이 없는 거야.

　　Alan, this country's split apart. We put this ship to sea, and it breaks my heart not to help it back to port. Any port.

752　화나는 건 우리가 이 나라의 장점보다 단점만 확대시킨 거야. 여길 떠나면 속이 후련하겠어. 희망을 찾기엔 너무 길고 지겨운 전쟁이었지.

　　What pisses me off is, this country has faults and strengths and we have done nothing but play to the faults. I tell you, I will be damn glad to get out of here. This thing has dragged on too long for it to end in all sweetness and light.

753 적은 우리 안에 있어. 아무도 믿을 수가 없어.

The enemy is inside us. No one can be trusted.

754 이제부터 나에게 과거란 없어. 지금은 무의 세계이고, 이전에는 아무것도 없던 거야. 두려움과 미움의 바람이 부네. 전쟁은 사랑을 죽였어.

I must have no past, Sydney. This is the year zero and nothing has gone before. The wind whispers of fear and hate. The war has killed love, Sydney.

755 알고 있어. 자네가 내 가족을 얼마나 생각해 주는지. 그러나 난 기자이기도 해.

I know how much you care about my family. But I'm also a reporter.

7-2

순교자의 희생

〈미션(The Mission)〉(1986)

감독: 롤랑 조페 | 주연배우: 로버트 드 니로 | 칸영화제 황금종려상

우리가 알고 있는 대부분의 종교는 타인을 사랑하고, 타인을 위

해 헌신하는 자가 되라는 가르침을 내포하고 있습니다.

영화 〈미션〉은 원주민 과라니족의 마을로 선교활동을 온 '가브리엘 신부'와 살인 복역수 '멘도자'의 이야기를 담고 있습니다. 포르투갈 영토에 편입되어 죽음의 위기에 처한 원주민들을 지키기 위해 서로 다른 선택을 감행하는 두 사람은 누구보다 인간의 생명에 헌신적입니다. 종교란 평화와 사랑을 기반으로 해야 비로소 진실하다는 감상을 남겨줍니다.

756 산을 옮길만한 강한 믿음이 있을지라도 사랑이 없다면 아무 것도 아니오. 내가 내게 있는 모든 것으로 구제하고 또 내 몸을 불사르게 내어 줄시라도 사랑이 없으면 내게 아무 유익이 없느니라.

Though I have all faith so that I could remove mountains. And though I bestow all my goods to feed the poor and have not love, it profiteth me nothing.

757 앵무새도 가르치면 노래는 할 줄 압니다, 전하. / 그렇지만 저렇게 멜로디까지 구사할 수는 없지 않소?

A parrot can be taught to sing, Your Eminence. / Yes, but how does one teach it to sing as melodiously as this?

758 환자를 구하기 위해 의사는 때론 수족을 잘라내야 합니다. 하지만 제가 잘라야 할 수족이 이렇게 아름답고 강할 줄은 예상하지 못했습니다.

Your Holiness, a surgeon, to save the body… must often hack off a limb. But, in truth, nothing had prepared me for the beauty and the power of the limb that I had come here to sever.

759 무력이 옳다면 사랑은 설자리가 없소. 틀림없이 그럴 거요. 그런 세상에서 난 살아갈 힘이 없소. 난 축복할 수 없소.

If might is right then love has no place in the world. It may be so. But I don't have the strength to live in a world like that. I can't bless you.

760 신부들은 죽고 저만 살아남았습니다. 하지만 실제로 죽은 건 나고 산 자는 그들입니다. 왜냐하면 언제나 그렇듯 죽은 자의 정신은 산 자의 기억 속에 남기 때문입니다.

So, Your Holiness now your priests are dead, and I am left alive. But, in truth, it is I who am dead, and they who live. For, as always, Your Holiness the spirit of the dead will survive in the memory of the living.

7-3

신체의 한계를
극복한 사랑

〈나의 왼발(My Left Foot)〉(1989)

감독: 짐 쉐리단 | 주연배우: 다니엘 데이 루이스 | 아카데미 남우주연상

세상에는 장애를 지닌 사람들이 존재합니다. 우리는 그것을 종

종 잊습니다. 장애를 가졌지만 뛰어난 재능으로 삶을 일구어낸 사람들을 보면 한계를 극복하는 아름다움을 느낄 수 있습니다.

영화 〈나의 왼발〉은 뇌성마비로 전신이 비틀리고 마비된 채 왼발만을 움직일 수 있는 소년 '크리스티 브라운'의 생애와 사랑을 보여줍니다. 강한 정신력을 가진 그는 자신의 소년 시절과 청년기의 슬픈 사랑을 진솔하게 써내려가 작가로서 성공합니다. 신체의 장애를 극복한 그의 집념은 모든 관객에게 감동을 전해 줍니다.

761 내 왼발이 새로운 것을 발견하면 그것을 마음껏 즐깁니다. 평화롭게 행복감을 느끼면서요.

I lay back in my chair while my own left foot beat time to a new rhythm. Now I could relax and enjoy myself completely.

762 저는 아직도 외롭습니다. 불구가 아니더라도 혼자만의 기술을 터득해야 했고, 저도 다른 사람과 마찬가지로 외로움을 많이 탑니다.

It would not be true to say that I am no longer lonely. I have made myself articulate and understood to people in many parts of the world and this is something we all wish to do, whether we're crippled or not.

763 모든 작가들이나 예술인들이 검은 구름이 갑자기 다가와 귀머거리-벙어리가 되어 고립된 것 같았습니다.

It is not only the sort of isolation that every writer or artist must experience in the creative mood if he is to create anything at all. It is like a black cloud, sweeping down on me unexpectedly, cutting me off from others. A sort of deaf-muteness.

764 상처받을까 봐 그래요. 몸이 망가졌다고 마음까지 망가져선 안 되잖아요.

He could get hurt, Paddy. A broken body's nothing to a broken heart.

765 성공과 실패는 자신에게 달려 있다. 그것이 문제로다.

To be or not to be. That is the question. Whether it is nobler in the mind.

7-4

한 사람이라도
더 구하기 위해

〈쉰들러 리스트(Schindler's List)〉(1993)

감독: 스티븐 스필버그 | 주연배우: 리암 니슨 | 아카데미 작품상

때로 사람의 양심은 다른 사람의 생명을 구하기도 합니다. 잔인한 역사적 사건 한 가운데에서도 용기를 발휘해 사람을 구한 이야기가 있습니다.

영화 〈쉰들러 리스트〉는 1939년, 독일에게 점령당한 폴란드의

한 도시를 배경으로 펼쳐지는 이야기입니다. 독일인 사업가이자 냉정한 기회주의자인 오스카 쉰들러가 나치에 의해 참혹하게 학살되는 유태인들의 참혹한 실상을 마주하게 되고, 마침내 강제 노동 수용소로부터 유태인을 구해내는 이야기인 〈쉰들러 리스트〉는 한 사람이 불러올 수 있는 변화에 대해 다룹니다.

766 세상의 친절함이라고는 하나도 없었을 때, 생명은 구해지고 새로운 세대가 탄생했습니다.

The time when there was no kindness in the world, the lives were saved and generations were created.

767 그것이 바로 이 이야기의 핵심입니다. 단 한 명의 인간이 변화를 가져올 수 있다는 것이죠.

And that's the essence of what this story is that one individual can change things.

768 너도 알듯이 언젠가 이 모든 것이 끝날 거야. 그때 술 한 잔 하자고 하려던 참이었어.

Someday, this is all hoing to end, you know. I was going to say we'll have a drink then.

769 권력이란 살인에 정당한 이유가 있어야 하는데, 우린 그게 없소.

Power is when we have every justification to kill.

770 탈무드에 나오는 격언을 히브리어로 쓴 겁니다. "한 사람을 구함은 세상을 구함이다."

It's Hevrew, it's from the Talmud. It says: Whoever saves one life, saves the world entire.

7-5

희망을 잃지 않을 때

〈인생은 아름다워(Life Is Beautiful)〉(1997)

감독: 로베르토 베니니 | 주연배우: 로베르토 베니니 | 아카데미 남우주연상

어떤 상황에서도 긍정적인 마음을 잃지 않는 것은 중요합니다. 희망이 사라지면 사람은 절망을 견딜 수 없기 때문입니다.

영화 〈인생은 아름다워〉는 자신의 아들에게 현실의 잔인함 대신 즐거움으로 긍정적인 마음을 심어주는 이야기입니다. 유태인 수용소에서의 생활을 게임이라고 말하며 아들을 챙기는 주인공의 따뜻한 부성과 가족에 대한 끝없는 사랑은 아름다운 이야기로 감동을 선물합니다. 이처럼 희망과 사랑은 아무리 절망적인 상황이더라도 극복할 수 있게 해 줍니다.

771 안녕하세요, 공주님. 어제 밤새도록 그대 꿈을 꾸었다오. 같이 극장엘 갔는데 당신은 내가 좋아하는 분홍색 옷을 입고 있었어. 난 당신 생각뿐이야. 당신만 생각해.

Hello, Princess. I dreamed of you all night yesterday. We went to the theater together and you were wearing my favorite pink clothes. I'm just thinking about you. Just think about you.

772 당신과 사랑을 나누고 싶지만 아무에게도 말을 못 하죠, 특히 당신에게는……. 어떤 고문에도 말 안 해요. 당신과 사랑하고 싶다는 것 한 번이 아니라 수천 번을 하지만 절대 말 안 해요. 지금 여기서도 사랑을 나눌 수 있다고 생각하면 미쳤다 하겠죠?

I want to make love with you, but I can't tell anyone. Especially for you……. I don't talk to any torture. I don't want to love you once, I do it thousands of times, but I never say it. If you think you can make love here, you're crazy, right?

773 지금 남은 아이는 너밖에 없어 조슈아. 네가 1등이야. 다들 널 찾고 있어.

You're the only child left now, Joshua. You're first place. They're looking for you.

774 내가 아무리 늦어도 절대 나오면 안 된다. 완전히 조용해지고 사람이 보이지 않을 때까진 절대 나오면 안 된다.

No matter how late I am, I should never come out. Never come out until it's completely quiet and no one is seen.

775 아들아, 아무리 처한 현실이 이러해도 인생은 정말 아름다운 것이란다.

Son, life is so beautiful no matter how hard the reality you are in.

복수의 칼날

〈글래디에이터(Gladiator)〉(2000)

감독: 리들리 스콧 | 주연배우: 러셀 크로우 | 아카데미 작품상

사람들은 혹독한 영웅 신화를 좋아하기 마련입니다. 가장 인간적인 감정으로 악인에게 복수하는 영웅이 고난을 이겨내는 것 또한 감동을 줍니다.

영화 〈글래디에이터〉는 극한의 상황에 처한 사람이 자신의 한계를 극복하고 목표를 위해 투쟁하는 서사를 다루고 있습니다. 고대 로마 제국을 배경으로 노예이자 검투사가 된 장군이 자신의 가족을 죽인 황제에게 복수하고자 명예를 위해 싸우는 이야기를 보고 있으면 관객의 피도 뜨겁게 달아오릅니다.

776   혹시 말을 타고 가다가 따사로운 태양 아래서 혼자 달리고 있는 자신을 발견하더라도 결코 두려워하지 마라. 그곳은 바로 천국이며 제군은 이미 죽은 것이다!

If you find yourself alone, riding in green fields with the sun on your face, do not be troubled. For you are in Elysium, and you're already dead!

777   피보다는 먼지가 씻어내기 쉬워.

You know, dirt cleans off a lot easier than blood, Quintus.

778 폐하를 위해 싸웠고 로마를 위해 죽습니다.

They fought for you and for Rome.

779 누군가 "죽음이 미소 지어 오면 미소로 답하라"고 했었다. 그러던 자네 친구도 죽기 전에 웃으며 가던가?

I knew a man who once said, "Death smiles at us all. All a man can do is smile back." I wonder, did your friend smile at his own death?

780 내 이름은 막시무스……. 북부군 총사령관이자 펠릭의 장군이었으며, 아우렐리우스 황제의 충복이었다. 태워 죽인 아들의 아버지이자 능욕 당한 아내의 남편이다. 반드시 복수하겠다. 살아서 안 되면 죽어서라도!

My name is Maximus Decimus Meridius, commander of the armies of the north, general of the Felix Legions, loyal servant to the true emperor, Marcus Aurelius, father to a murdered son, husband to a murdered wife, and I will have my vengeance, in this life or the next.

세상이 변화하는 힘

〈밀크(Milk)〉(2008)

감독: 구스 반 산트 | 주연배우: 숀 펜 | 아카데미 각본상

사회는 오늘도 끊임없이 변하고 있습니다. 그리고 그 변화를 불러오는 사람들 또한 평범한 사람입니다.

영화 〈밀크〉는 1970년대 미국 샌프란시스코를 배경으로, 인권운동가이자 정치인이었으며 그의 시대로부터 지금까지 수많은 이들에게 희망의 이름이 된 실존 인물, 하비 밀크의 생애 마지막 8년의 이야기를 다루고 있습니다. 인종, 나이, 성에 상관없이 모두가 평등한 권리와 기회를 누리는 사회를 꿈꾸던 그는 세 번의 실패 끝에 샌프란시스코 시의원에 당선됩니다. 이 영화는 내일의 평등을 꿈꾸는 사람들에게 바치는 희망의 노래입니다.

781 저는 이 운동이 계속되길 원합니다. 이것은 개인적 욕심이 아니기 때문입니다. 이것은 '자아'나 '권력'을 위한 것도 아닙니다. 이것은 저 바깥의 '우리'를 위한 것입니다.

I ask for the movement to continue because it's not about personal gain, and it's not about ego and it's not about power. It's about the "us's" out there.

782 게이들뿐만 아니라 흑인들, 아시아인들, 또 노년층, 그리고 장

애인들, 바로 '우리' 말입니다.

Not just the gays but the blacks and the Asians and the seniors and the disabled. The "us's".

783   희망이 없이는, 바로 그 '우리'를 포기해야만 합니다.

Without hope, the "us's" give up.

784   물론 희망만으로는 살 수 없습니다. 그러나 희망 없이는 삶이란 살 가치가 없죠.

And I know you can't live on hope alone. But without hope, life is not worth living.

785   그러니 당신, 그리고 당신, 또 당신, 그들에게 희망을 선물하세요. 그들에게 희망을 선물하세요.

So you, and you, and you, you got to give them hope. You got to give them hope.

7-8

전투의 격렬함

〈허트 로커(The Hurt Locker)〉(2010)
감독: 캐서린 비글로우 | 주연배우: 제레미 레너 | 아카데미 작품상

이라크 바그다드에서 임무를 수행하는 폭발물 제거반 EOD는 예기치 못한 사고로 팀장을 잃고, 새로운 팀장을 만나지만 그의 독

단적 행동으로 팀원들은 위험천만한 상황에 빠지게 됩니다. 언제 터질지 모를 급조폭발물과 시민인지 테러리스트인지 구분할 수 없는 낯선 사람들은 EOD팀을 극도의 긴장감과 불안감에 빠뜨리고, 팀장 '제임스'와 팀원들 간의 갈등은 깊어져 갑니다.

　과연 이들은 무사히 임무를 마치고 본국으로 돌아갈 수 있을까요? 박진감 넘치는 연출과 손에 땀을 쥐게 만드는 연기가 돋보이는 영화 〈허트 로커〉입니다.

786 도대체 어떻게 견디십니까? 늘 위험하지 말입니다. 방호복 입을 때마다 출동할 때마다 목숨이 걸렸는데 늘 무슨 주사위 굴리듯이 대처하시잖습니까. 스스로 느끼지 않으십니까?

I mean, how do you do it, you know? Take the risk? But you realize every time you suit up, every time we go out it's life or death, You roll the dice and you deal with it, You recognize that, don't you?

787 어떻게 해야 폭발물을 그렇게 해체할 수 있는 건가? / 죽지 않으면 됩니다, 대령님.

What's the best way to go about disarming one of these things? / The way you don't die, sir.

788 그거 알아? 누군가를 죽일 뻔했던 이런 물건들을 모은다는 게 말야. 정말 흥미로운 일이라고.

You know, I just think it's really interested to hold something in your hand that could have killed anyone.

789 나이가 들어가면 정말 좋아하는 대상이 줄어든단다. 아빠 나이쯤 되면 한두 가지만 남을지도 몰라. 아빠한텐 하나밖에 없는 것 같구나.

And then you forget the few things you really love, and by the time you get to my age maybe it's only one or two things, With me, I think it's one.

790 전투의 격렬함은 마약과 같아서 종종 빠져나올 수 없을 정도로 중독된다.

The rush of battle is often a potent and lethal addiction, for war is a drug.

7-9

잃어버린 12년

〈노예 12년(12 Years a Slave)〉(2013)

감독: 스티브 맥퀸 | 주연배우: 치웨텔 에지오포 | 아카데미 작품상

잘 살던 사람이 갑자기 납치되어 노예로 팔려가게 된다면 어떻게 될까요? 1840년대 미국에서는 노예 수입이 금지되자 흑인을 납치하여 노예로 팔아넘기는 일이 빈번히 일어났다고 합니다.

영화 〈노예 12년〉은 음악가로서의 삶을 살아가던 '솔로몬'이 노예로 팔려가 '플랫'이라 불리며 부당한 일을 마주하게 되는 12년간

의 시간을 다루고 있습니다. 실화를 기반으로 만들어진 이 영화는 한 순간도 희망을 놓지 않았던 그의 정신과 인간은 평등해야 한다는 메시지를 조명하고 있습니다.

791 나는 목숨을 건지고 싶은 게 아닙니다. 나는 삶을 살고 싶은 겁니다.

I don't want to survive. I want to live.

792 영혼의 색 안에 존재하는 차이점은 무엇인가?

What difference is there in the color of the soul?

793 난 살아남을 거야. 절망에 빠져 있지 않을 거야.

I'll survive! I will not fall into despair.

794 내 등엔 흉터가 가득해. 자유를 주장하다 생긴 흉터야.

My back is think with scars for protesting my freedom.

795 사실이란 그런 게 사실입니다. '정당하고 올바른 일은 모두에게 그래야 한다. 백인이든 흑인이든.'

It is a fact, a plain and simple fact that what is true and right is true and right for all. White and black alike.

해야만 하는 일

〈달라스 바이어스 클럽(Dallas Buyers Club)〉(2013)

감독: 장 마크 발레 | 주연배우: 매튜 맥커너히 | 아카데미 남우주연상

갑작스러운 시한부 판정을 받은 이가 살기 위해 사투를 벌인다면 어떤 심리를 보일까요?

방탕한 생활을 하며 로데오를 즐기는 전기 기술자 '론'은 어느날 의사로부터 에이즈 진단을 받게 됩니다. 그에게 남은 시간은 단 30일, 치료제로 복용해오던 약물이 효과가 없다는 사실을 알게 된 후에 자국에서는 금지된 약물을 밀수하기 시작하는 이야기를 다룬 〈달라스 바이어스 클럽〉은 불치병으로 고통받는 사람들의 절박한 심리를 보여줍니다.

죽음에 이른 이들의 인생철학은 어떤 모습일까요?

796 FDA 꺼지라 그래! 난 도착하면 사망에 이를 지경이라고!

Screw the F.D.A! I'm gonna be D.O.A.(Dead On Arrival)!

797 가끔은 살려고 애쓰다가 정작 삶을 누릴 시간이 없는 거 같아.

Sometimes I feel like I'm fighting for a life I ain't got time to live.

798 이게 바로 내가 재앙을 만들어내는 레시피라 부르는 것이지.

Well, that's what I call a recipe for disaster.

799 됐어. 난 차라리 내 부츠를 신고 죽음을 맞이하는 것을 택하

겠어.

Nah. Sorry lady, but I prefer to die with my boots on.

800 당신이 위험을 무릅쓰고도 그것을 하고 싶냐, 안 하고 싶냐가 문제가 아니야. 위험을 무릅쓰고도 그것을 해야만 한다는 것이 문제지.

It's not a matter of whether or not you want to take these risksit's a matter that you have to take these risks.

우주에서 쓴 생존기

〈그래비티(Gravity)〉(2013)
감독: 알폰소 쿠아론 | 주연배우: 산드라 블록 | 아카데미 감독상

우주라는 공간은 우리에게 미지의 세계로 남아 있습니다. 끝없이 펼쳐지는 광활한 어둠 속에서 어떻게 생존할 수 있을까요?

허블 우주망원경을 수리하기 위해 우주를 탐사하던 라이언 스톤 박사는 폭파된 인공위성의 잔해와 부딪혀 소리도 산소도 없는 우주 한 가운데에 홀로 남겨집니다. 극한의 상황에서 벌어지는 생존기는 관객에게 긴장감과 인생에 대한 사유와 철학을 전달해 줍니다.

801 이 위에는 널 상처 줄 사람이 없어. 안전해. 내 말은, 계속 살아

가는 것이 무슨 의미가 있어?

There's nobody up here that can hurt you. It's safe. I mean, what's the point of going on?

802 계속 살려고 마음먹으면 다 떨치고 일어나야 해. 마치 우주선 조종석에 앉아서 비행을 즐기는 것처럼 말야. 발을 땅에 힘껏 내딛고 살아가는 거야.

If you decide to go, then you gotta just get on with it. Sit back, enjoy the ride. You gotta plant both your feet on the ground and start livin' life.

803 나의 딸에게 너는 천사고 엄마가 항상 자랑스러워한다는 말도 해 줘요. 그리고 엄마는 절대로 포기하지 않는다고, 우리 딸을 정말 정말 사랑한다고 말해 줘요.

Tell her that she is my angel. And she makes me so proud. So, so proud. And you tell her that I'm not quitting. You tell her that I love her, Matt. You tell her that I love her so much.

804 놓아주는 법을 배워야 할 거야, 라이언.

Ryan, you're going to have to learn to let go.

805 이제 운전은 그만 할래. 집에 가는 거야.

Okay, I'm done with just driving. Let's get go home.

완벽을 위한 광기

〈위플래쉬(Whiplash)〉(2014)

감독: 데이미언 셔젤 | 주연배우: 마일스 텔러 | 아카데미 남우조연상

예술가들은 끊임없이 자신의 한계를 시험합니다. 뉴욕의 명문 셰이퍼 음악학교에서 최고의 스튜디오 밴드에 들어가게 된 신입생 '앤드류'는 최고의 지휘자이지만 동시에 최악의 폭군인 '플레쳐' 교수를 맞닥뜨립니다. 폭언과 학대로 앤드류를 한계까지 몰아붙이고 또 몰아붙이는 교수는 무엇을 위해 그런 행동을 하는 것일까요?

완벽한 드럼 연주를 꿈꾸는 집착과 광기가 폭발하는 것을 보면서 우리는 노력이라는 개념에 대해 깊이 생각하게 됩니다.

806 가장 중요한 키포인트는 그냥 편안하게 하는 거야.

The key is to just relax.

807 내가 널 막을 거란 게, 기정사실인거야? 난 그저 뭘 원하는지도 모르는 계집애일 뿐이라서? 근데 넌 목표가 있고, 넌 위대해지고, 난 잊혀질테니까?

You know I would stop you from doing that? You know that for a fact? Because I'm some girl who doesn't know what she wants. You have a path, you're going to be great, I'm gonna be forgotten.

808 내가 너 지옥에서 고통 받는 걸 내버려두고 그는 그냥 살기

바라겠니? 그런 일은 일어나지 말아야 한다는 걸 모르니? 너만큼 나에게 소중한 존재는 없다는 걸 모르겠니?

Do you think that I would let him put my son through hell and then just walk away scot-free? Don't you know I would never let that happen? That there is nothing in the world more important to me than you? Don't you know that?

809 난 정해진 '한계'를 뛰어넘게 하고 싶었어. 그리고 난 그게… 절대적으로 필요하다고 봐.

I was there to push people beyond what's expected of them. I believe that is an absolute necessity.

810 세상에서 제일 해로운 말이 "그만하면 잘했어."야.

There are no two words in the English language more harmful than "good job."

정의를 위한 사투

〈스포트라이트(Spotlight)〉(2015)
감독: 토마스 맥카시 | 주연배우: 마크 러팔로 | 아카데미 작품상

이 사회에서 언론은 무엇을 조명해야 할까요?

영화 〈스포트라이트〉에서 미국의 3대 일간지 중 하나인 보스턴

글로브 내 '스포트라이트' 팀은 가톨릭 보스턴 교구 사제들의 아동 성추행 사건을 취재합니다. 하지만 사건을 파헤치려 할수록 더욱 굳건히 닫히는 진실의 문을 열기 위해 기자들은 노력합니다. '스포트라이트' 팀이 추적한 충격적인 스캔들, 그저 사람들의 이목을 끌기 위해서가 아닌, 정의를 실현하기 위한 사투가 시작됩니다.

811 두 개의 기삿거리가 있지. 타락한 성직자에 관한 기사, 그리고 아동학대를 조직적으로 은폐하려던 변호사에 관한 기사. 어느 기사를 내길 원해?

We got two stories here: a story about degenerate clergy, and a story about a bunch of lawyers turning child abuse into a cottage industry. Which story do you want us to write?

812 당신이었을 수도, 나였을 수도 있었어요. 누구든 당할 수 있었다고요.

It could have been you, it could have been me, it could have been any of us.

813 네 말대로 우리 모두 알고 있었어. 그래서 넌 어디 있었는데? 왜 이리 오래 걸렸어?

You're right. We all knew something was going on. So where were you? What took you so long?

814 우린 교회에 초점을 둬야 해요. 상부에서 조직적으로 은폐한 정황을 찾아오세요.

We need to focus on the institution, not the individual priests, practice and policy. Show me this was systemic, that came from the top down.

815 우리는 어둠 속에서 넘어지며 살아요. 갑자기 빛이 켜지면 주변에 탓할 게 너무 많아 보이죠.

Sometimes it's easy to forget that we spend most of our time stumbling around the dark. Suddenly, a light gets turned on and there's a fair share of blame to go around.

유리천장을 뛰어넘은 업적

〈히든 피겨스(Hidden Figures)〉(2016)
감독: 데오도르 멜피 | 주연배우: 타라지 P. 헨슨

만약 충분한 능력이 있음에도 성별, 인종 때문에 성공하지 못한다면 그것은 사회의 손실이기도 합니다. 미국과 러시아의 치열한 우주 개발 경쟁으로 보이지 않는 전쟁이 벌어지고 있던 시절, 천부적인 두뇌와 재능을 가진 흑인 여성들이 NASA 최초의 우주궤도 비행 프로젝트에 선발됩니다. 하지만, 흑인이라는 이유로 800m 떨어진 유색인종 전용 화장실을 사용해야 하고, 여성이라는 이유로 중요한 회의에 참석할 수 없는 이들은 어떻게 사회의 차별을 헤쳐 나갈 수 있을까요?

816 여기 나사에서는 우리 모두 화장실을 같이 쓴다. (백인, 흑인 구별 없이.)

Here at NASA we all pee the same color.

817 우리가 기회를 얻으려고 앞으로 나가면, 백인들은 항상 결승선을 앞으로 옮기네요.

Every time we get a chance to get ahead they move the finish line. Every time.

818 우린 아빠의 딸이란 존재에서 시작해서, 남편의 부인이 되고, 우리 아이들의 엄마가 되어 가는 것이지.

We go from being our father's daughters, to our husband's wives to our babies' mothers.

819 차별과 평등은 달라. 당연하게 보면 바로잡을 수 없어. 네가 옳은 행동을 하면, 넌 옳은 거야.

Separate and equal are two different things. Just cause it's the way, doesn't make it right. Understand? You act right, you are right. Understand?

820 천재성에는 인종이 없고, 강인함에는 남녀가 없으며, 용기에는 한계가 없다.

Genius has no race. Strength has no gender. Courage has no limit.

끝까지 싸우다

〈덩케르크(Dunkirk)〉(2017)

감독: 크리스토퍼 놀란 | 주연배우: 핀 화이트헤드 | 아카데미 편집상

보이지 않는 적에게 포위된 채 어디서 총알이 날아올지 모르는 위기의 일주일, 군인들의 탈출을 돕기 위해 배를 몰고 덩케르크로 항해하는 하루를 다룬 영화 〈덩케르크〉는 전쟁터에서 생존을 위해 고군분투하는 군인들의 모습을 보여줍니다. 적의 전투기를 공격해 추락시키는 임무에서 남은 비행이 가능한 시간은 한 시간, 죽음을 무릅쓰고 끝까지 싸울 것을 다짐한 군인들의 모습은 용맹하며 인간의 용기를 보여줍니다.

821 우리는 끝까지 싸울 겁니다. 우리는 해변에서도 싸울 것입니다. 우리는 상륙지점에서 싸울 것입니다. 우리는 절대로 항복하지 않을 것입니다.

We shall go on to the end. We shall fight on the beaches. We shall fight on the landing grounds. We shall never surrender.

822 원래 생존은 불공평해. 생존은 공포이자 탐욕이고 본능을 농락하는 운명의 장난이지.

Survival's not fair. No, it's shit. It's fear, and it's greed. Fate pushed through the bowels of men.

823 어른들이 일으킨 전쟁에 왜 젊은이들만 총알받이가 되는가?

Men my age dictate this war. Why should we be allowed to send our children to fight it?

824 총. 그게 적의 공격을 막는 데 도움이 되던가?

Did it help you against the dive bombers and the U-boats?

825 전쟁에서 철수는 승리가 아닙니다. 하지만 이번 덩케르크의 철수는 승리지요.

Wars are not won by evacuations. But there was a victory inside this deliverance, which should be noted.

범죄도시의 아이들

〈시티 오브 갓(City Of God)〉(2002)

감독: 페르난도 메이렐레스 | 주연배우: 알렉산드레 로드리게즈 | 아카데미 편집상

세상에는 우리가 보고 싶지 않은 이면이 존재하고 있습니다. 누군가는 평온한 삶을 사는 반면, 누군가는 열악한 상황에 처하는 것입니다.

가난과 폭력으로 찌든 브라질 최대 빈민가를 거침없이 보여주는 영화 〈시티 오브 갓〉은 그런 면에서 관객에게 충격을 줍니다. '신의 도시'라 불리는 곳에서 벌어지는 마약거래와 범죄에 무방비하게 노

출된 어린 소년들의 이야기는 우리가 미처 보지 못한 세상의 어두운 면을 보여줍니다. 그리고 그 안에서 꿈을 가지는 소년의 희망 또한 인간의 강인함을 보여줍니다.

826 규칙에도 예외가 있는 것을 알게 되었다. 그리고 예외는 규칙이 되었다.

We find there are exceptions to the rules. And exceptions have become rules.

827 신의 도시에서 도망가다간 죽는다. 가만히 있어도 마찬가지다.

If you run away from the city of God, you die. The same is true even if you stay still.

828 전쟁은 모든 것에 면죄부를 줬다.

The war gave indulgence to everything.

829 넌 신의 도시에서 가장 멋진 녀석을 죽인거야.

You killed the coolest guy in the city of God.

830 아무도 전쟁의 원인을 기억하지 못했다.

No one remembered the cause of the war.

전쟁터에서
싹트는 전우애

〈라이언 일병 구하기(Saving Private Ryan)〉(1998)
감독: 스티븐 스필버그 | 주연배우: 톰 행크스 | 아카데미 감독상

1944년 6월 6일 노르망디 상륙 작전. 오마하 해변에 대기하고 있던 병사들은 한치 앞도 내다볼 수 없는 긴장된 상황과 두려움에 무기력함을 감출 수 없었습니다. 지옥을 방불케 하는 치열한 총격전이 벌어지고, 수많은 병사들이 총 한번 제대로 쏘지 못하고 쓰러져갑니다. 그러던 도중 단 한 명의 목숨을 구하기 위해 여덟 명이 위험을 감수하는 임무가 전달되고, 영화는 작전을 성공적으로 완수하기 위해 고군분투하는 군인들의 모습을 그려냅니다. 전쟁에서 겪게 되는 딜레마를 그려낸 이 영화는 전쟁 영화로서 많은 호평을 받았습니다.

831   하나님, 믿습니다. 저를 버리지 마소서. 적들이 저를 짓밟지 못하게 하소서.

O my God, I trust in thee. Let me not be ashamed. Let not my enemies triumph over me.

832   아빠한테 쓴 건데 피가 묻었어……. 옮겨 적어서 부쳐 줘.

Copy it and send it for me. It's to my dad. It's got blood on it, Fish.

833   부하가 죽을 때마다 스스로 말하곤 해. 그의 죽음으로 둘, 셋

아니 열 명의 목숨을 구한 거라고.

You see, when you end up killing one of your men, you tell yourself

it happened so you could save the lives of two or three or 10 others.

834 살인을 할수록 고향에서 멀어지는 걸 느껴.

I just know that every man I kill, the farther away from home I feel.

835 우리의 희생을 기억하며⋯ 열심히 살게.

James, earn this⋯ earn it.

7-18

선과 악의 경계에서

〈지옥의 묵시록(Apocalypse Now)〉(1979)

감독: 프란시스 포드 코폴라 | 주연배우: 말론 브란도 | 칸영화제 황금종려상

베트남 전쟁에서 군인들이 겪는 정신적 혼란을 그려낸 영화 〈지옥의 묵시록〉은 선과 악의 경계에 대해 고민합니다. 미군 공수부대 소속 '윌러드 대위'는 '커츠 대령' 암살 임무를 받게 되는데, 철저한 기밀 속 금지구역인 캄보디아를 향해 험난한 여정을 떠난 그는 서로 죽고 죽이는 정글 같은 전쟁 상황에 점차 피폐해져 갑니다. 마침내 대령의 은신처에 도착한 윌러드 대위는 충격적인 사실을 목격합니다.

서로를 죽고 죽이는 곳에서의 선과 정의란 무엇일까요?

836 내가 여기 있었을 때는 그곳을 원했었다. 거기 있을 때는 정글 생각이 났다.

When I was here, I wanted to be there. When I was there, all I could think of was getting back into jungle.

837 난 아침에 나는 네이팜탄의 냄새를 사랑해.

I love the smell of napalm in the morning.

838 정글을 헤매는 베트콩은 강해진다.

And every minute Charlie Squats in the bush he gets stronger.

839 그들은 날 살인자라고 불러. 그럼 살인자가 살인자를 욕할 땐 뭐라고 부르지?

They call me an assasin. What do you call it when the assasins accuse the assasin?

840 우리는 거짓말을 하고 있어. 거짓말을 하면서도 거짓말을 하는 사람한테는 관대해야 한다고.

We lie, we lie and we have to be merciful, for those who lie.

역사를 바꾼 전쟁

〈퓨리(Fury)〉(2014)

감독: 데이비드 에이어 | 주연배우: 브래드 피트

전쟁이야말로 인간의 한계를 처절하게 밀어붙이는 상황이라고 생각됩니다.

영화 〈퓨리〉는 제2차 세계대전을 배경으로, 전차부대를 이끄는 대장 '워대디'가 적으로 둘러싸인 최전선에서 마지막 전투 명령을 받는 이야기를 그립니다. 하지만 수차례의 전투로 대부분의 동료를 잃은 그에겐 단 한 대의 탱크 '퓨리'와 지칠 대로 지쳐버린 부대원들만이 남아 있을 뿐입니다. 수백 명의 적들과 맞서야 하는 5인의 병사는 관객에게 전쟁터에서 벌어지는 극한의 비장미를 보여줍니다.

841 어제 전투는 잊어버려. 오늘 전투만 생각하자고.

Stop talking about yesterday's fight. Think about today's.

842 살아 돌아가게 해 준다고 부하들에게 약속했는데. 그 약속 못 지키게 만들지 마.

I promised my crew a long time ago I'd keep them alive. You're getting in the way of that.

843 곧 알게 될 거야. / 뭘요? / 인간이 얼마나 잔인해질 수 있는지.

Wait until you see it. / See what? / What a man can do to another man.

844 이봐, 넌 영웅이야. 그거 알아?

Hey, you're a hero, buddy. Do you know that?

845 이상은 평화롭지만, 역사는 폭력적이다.

Ideals are peaceful, History is violent.

형제를 갈라놓은 전쟁

〈태극기 휘날리며〉(2003)
감독: 강제규 | 주연배우: 장동건

많은 이들에게 상처를 남긴 전쟁 중에서도 한국의 남북전쟁은 동족상잔의 아픈 역사를 보여줍니다. 한 TV 프로그램에서는 "가장 현실적인 전쟁 영화는 결국 반전(反戰) 영화가 될 수밖에 없다."라는 말을 남기기도 했습니다.

동생을 살리기 위해 전쟁터를 뛰어다니던 형과 그런 형을 걱정하는 동생의 절절한 형제애는 많은 관객들의 마음을 움직였습니다. 천만 영화로 익히 알려져 있는 〈태극기 휘날리며〉는 이념으로 인해 갈라지고 상처받은 수많은 역사의 피해자를 조명합니다.

846 죽어도 여기서 죽고, 살아도 여기서 살아남는다! 유서는 각자 알아서 쓰고 남기고 싶은 유품이 있으면 봉투 속에 넣어라. 이상.

I will die here if I die and survive here if I live! Write your will on your own and put it in An envelope if you want to leave anything behind. An end.

847 유서는 죽는 놈들이나 쓰는 거야. 약해지면 안 돼.

The suicide note is for the dead. Don't be weak.

848 이게 다 꿈이었으면 좋겠다. 이따 눈 뜨면 우리 집 안방이고, 난 아침 먹으면서 형한테 얘기할 거야. 정말 진짜 같은 이상한 꿈 꿨다고.

I hope this is all a dream. It's my bedroom when I wake up, and I'm going to talk to you over breakfast. I had a really real, weird dream.

849 막말로 이놈에 전쟁 누가 이기건 무슨 대수야. 난 사상이 뭔지 모르겠는데. 형제들끼리 총질할 만큼 중요한 건가!

What's the big deal about whoever wins the war? I don't know what ideology are. Is it important enough for brothers to shoot each other?

850 나도 우리 형제한테 행운이 따라서 둘 다 살아 돌아가길 바라. 근데 꼭 하나만 살아야 된다면 그게 네가 되길 바라고 노력한 것뿐이야.

I wish my brother luck and we both live together. But if only one person has to live, that's all I've been trying to be you.

7-21

무인도에서 살아남기

〈캐스트 어웨이(Cast Away)〉(2000)

감독: 로버트 저메키스 | 주연배우: 톰 행크스

전 세계를 돌아다니며 한창 바쁘게 살아가다가 갑자기 무인도에 떨어지게 되면 어떻게 될까요?

영화 〈캐스트 어웨이〉는 한 남자의 무인도 표류기를 입체적으로 보여주고 있습니다. 당장 생존을 위해 몸을 움직여야 하는, 이전의 모든 삶을 버리고 새로운 환경에 적응해야 하는 상황에서 주인공은 외롭게 살아남습니다. 하지만 사랑하는 사람을 만나기 위해 희망을 잃지 않은 그는 섬을 탈출하기 위해 계획을 세웁니다. 과연 그의 탈출은 성공할 수 있을까요?

851 윌슨, 걱정하지 마. 내가 노를 저을게. 넌 그냥 기다려.

Don't worry Wilson. I'll do the paddling. You just hang on.

852 그때 그 비행기를 타지 말았어야 했어. 그때 그 차에서 내리지 말았어야 했어.

I shouldn't have taken that plane then. I shouldn't have gotten out of that car then.

853 우리는 시간에 살고 시간에 죽어. 그렇기에 시간의 실수를 범하면 안 되는 거야.

We live in time and die in time, so we shouldn't make time mistakes.

854 계속 숨을 쉬어야 한다. 내일은 또 다시 해가 뜰 것이기 때문이다.

I gotta keep breathing. Because tomorrow the sun will rise.

855 파도가 무얼 가져다줄지 누가 알겠어?

Who knows what the tide could bring?

우리는 여기 있다

〈필라델피아(Philadelphia)〉(1993)
감독: 조나단 드미 | 주연배우: 톰 행크스 | 아카데미 남우주연상

사회의 차별과 맞선 사람들은 예전에도 지금도 곳곳에 있습니다.

영화 〈필라델피아〉는 흑인 동성애자이자 에이즈 환자인 변호사가 법률사무소에서 부당해고를 당해 법정 투쟁에 나서는 이야기를 다루고 있습니다. 그가 해고당한 이유는 능력 부족이 아니며 질병으로 인한 해고는 차별이며 위법임을 입증한 변호사는 그의 라이벌이었습니다. 자신의 권리와 명예를 회복하기 위해, 그리고 그 판례가 후에 다른 이의 인권을 보장할 수 있게 새로운 길을 개척한 그의 이야기는 우리로 하여금 인권과 사회에 대한 통찰력을

길러 줍니다.

856 밀러 변호사, 이 법정에서는 인종, 신념, 피부색, 종교, 성지향
성을 차별하지 않습니다. / 존경하는 재판장님, 우리는 이 법
정에서 살고 있지 않습니다.

In this courtroom, Mr. Miller, justice is blind to matters of race,
creed, color, religion, and sexual orientation. / With all due respect,
your honor, we don't live in this courtroom, do we?

857 법을 왜 사랑하느냐고요? 흔하지 않게, 아주 가끔 일어나는
일이긴 하지만, 정의를 실현할 기회가 내게 오는 때가 있습니다.

It's that every now and again − not often, but occasionally − you get
to be a part of justice being done.

858 그때의 희열과 전율은 말로 표현할 수 없죠.

That really is quite a thrill when that happens.

859 제 기억으론 그 선언문에는 "모든 이성애자는 평등하다"가 아
닌, "모든 인간은 평등하다"라고 쓰여 있습니다.

I don't recall that glorious document saying anything about all
straight men are created equal. I believe it says all men are created
equal.

860 차별의 핵심은 사람들을 각 개인의 장점을 근거로 하지 않고,
상정한 특질을 가진 집단에 속하는지 여부를 근거로 사람에
관한 견해를 내세우는 것이다.

The essence of discrimination: formulating opinions about others not based on their individual merits, but rather on their membership in a group with assumed characteristics.

7-23

수행자들의 이야기

〈삼사라(色戒)〉(2001)

감독: 판 나린 | 주연배우: 숀 쿠

　불교의 수도승들은 고된 수행을 마치고 금욕적인 생활을 하며 인간에 대한 성찰을 합니다. 그런데 그런 수도승이 갑자기 속세로 향하면 어떻게 될까요?

　영화 〈삼사라〉는 어린 나이에 불교에 귀의해 수도승으로 자란 '타쉬'가 속세의 유혹을 겪고, 세속의 복잡 다양한 가치를 경험하고 나서 선택의 기로에 서게 되는 이야기입니다. 무엇이 우리 인생의 참된 가치이고, 사람이 어떻게 고민하고 어떻게 고민을 극복하는지 보여주는 이 영화는 관객에게도 충분히 사유할 가치를 제공합니다.

861　물방울 한 개를 영원히 마르지 않게 하려면 어떻게 하면 되지? 바닷물 속에 던지면 되지.

　What should I do to keep a drop of water from drying forever? You can throw it into the sea.

862 하나의 욕망을 채우기 위해 사는 것과 만 개의 욕구를 채우기 위해 사는 삶 중에 어떤 것이 더 나은지 다음 생에 만나면 말해 보라.

Tell me which is better in your next life, living to satisfy one desire or living to satisfy 10,000 desires.

863 깨닫기 위해 몰라야 될 것도 있지만, 포기하기 위해 알아야 하는 것도 있습니다.

There are things you don't need to know to realize, but there are things you need to know to give up.

864 내 임무가 아직도 끝나지 않았음을 깨달으며 난 '삼사라'를 향해 귀의하게 됐구나. 우린 다시 만나게 될 것이다.

Realizing that my mission is still over, I am returning to 'Samsara'. We'll meet again.

865 수행자들이여, 두 극단을 버려야 한다. 그 하나는 온갖 욕망을 좇아 쾌락에 빠지는 것이고, 다른 하나는 스스로 고행에 빠져 자기 자신을 괴롭히는 일이다.

A trainee, two extremes must be abandoned. One is to indulge in pleasure in pursuit of all kinds of desires, and the other is to be self-possessed and torment oneself.

황무지를 질주하다

〈매드맥스: 분노의 도로(Mad Max: Fury Road)〉(2015)

감독: 조지 밀러 | 주연배우: 톰 하디

핵전쟁으로 멸망한 22세기, 얼마 남지 않은 물과 기름을 차지한 독재자 '임모탄 조'가 살아남은 인류를 지배하는 세계에서 펼쳐지는 액션물 〈매드맥스: 분노의 도로〉는 힘에 저항하는 주인공을 그리고 있습니다. 살아남기 위해 사막을 떠돌던 '맥스'가 노예로 끌려가고, 폭정에 반발한 사령관 '퓨리오사'가 여인들을 탈취해 분노의 도로로 폭주하는 이야기는 스크린에 숨 막히는 추격전을 불러옵니다.

우리는 멸망 후 생존한 인류의 이야기를 보며 통쾌한 활주와 함께 영화의 메시지를 함께 생각해 볼 수 있습니다.

866 내 이름은 맥스. 나의 세상은 불과 피로 이루어져 있다.

My name is Max. My world is fire and blood.

867 이 척박한 땅에서 내 삶의 목표는 단지 살아남는 것.

The goal of my life in this barren land is to survive.

868 우리는 물건이 아니야. 소유물이 아니라고!

We are not things. We are not things!

869 스플랜디드는 총알을 싫어했어. 죽음의 씨앗이라고 했어. 한 개 심을 때마다 한사람씩 죽거든.

Angharad used to call them Antiseed. Plant one and watch something die.

870 희망 없는 세상을 살아가는 우리가, 더 나은 삶을 위해 가야 할 곳은 어디인가.

Where must we go, we who wander this wasteland in search of our better selves.

죽음에서 돌아온 자

⟨레버넌트(The Revenant)⟩(2015)

감독: 알레한드로 곤잘레스 이나리투 | 주연배우: 레오나르도 디카프리오 | 아카데미 감독상

우리는 자연과 죽음 앞에서 인간의 한계를 느낍니다. 그리고 그 한계는 자연의 섭리라고 부를 수 있겠습니다.

영화 ⟨레버넌트⟩에서는 죽음의 문턱에서 돌아온 사람을 보며 갖게 되는 겸허함을 느낄 수 있습니다. 서부 개척시대 이전인 19세기 아메리카 대륙을 배경으로, 회색 곰에게 습격당한 사냥꾼이 동료에게 배신당해 아들마저 죽임당한 후 처절한 복수를 위해 부상 입은 몸으로 그 동료를 쫓는 이야기인 ⟨레버넌트⟩는 통쾌한 복수보다는 인간의 극한을 체험하는 주인공을 볼 수 있습니다.

871 폭풍이 오면, 나무 앞에 서 있으면 금방이라도 쓰러질 것처럼 보이지. 하지만 땅속에 뿌리를 단단히 내린 나무는 절대 무너지지 않아.

When there is a storm. And you stand in front of a tree. If you look at its branches, you swear it will fall. But if you watch the trunk, you will see its stability.

872 그냥 복수만 하려고 이렇게 온 거야? 그럼 맘껏 즐겨, 글래스. 그런다고 네 죽은 아들이 살아오진 않지만!

You came all this way just for your revenge? Well you enjoy it Glass. Cause there ain't nothing gonna bring your boy back.

873 내 아들아, 빨리 끝나길 바란다는 것을 안단다 이 아빠가 곁에 있잖니, 아빠가 널 끝까지 지켜줄 거란다. 절대 포기하지 말거라 숨이 붙어 있는 한 끝까지 싸워야 해.

I will be right here. I'm right here. As long as you can still grab a breath, you fight. You breathe. Keep breathing.

874 나는 이제 죽음이 두렵지 않습니다. 저는 이미 한번 죽어봤으니까요.

I ain't afraid to die anymore. I've done that already.

875 복수는 내가 아니라 신의 뜻이다.

Revenge is in God's Hands. Not Me.

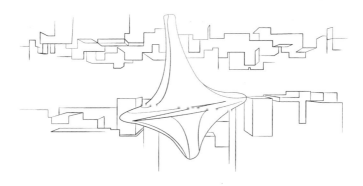

Inception

인셉션, 2010

PART 8

내 안의 상상력을
자극하는 명대사

#상상력 #창의력 #상상의 세계

제4차 산업혁명 이후 창의력은 매우 귀중한 자산이 되었습니다. 모두가 창의력을 기르기 위해 노력합니다. 창의력은 곧 상상력을 기반으로 쌓이는 능력이라고 생각합니다. 우리는 어린 시절, 기발한 상상을 하다가도 점차 현실을 알아가면서 그만두게 됩니다.

하지만 그 상상력에 한계란 없습니다. 엉뚱한 상상을 하는 것처럼 보일지라도 언젠가 번뜩이는 아이디어를 가져오게 될 줄은 아무도 모르는 것입니다. 그러니 우리는 유연한 사고방식과 뛰어난 상상력을 발휘할 필요가 있습니다.

무의식을 여행하다

〈인셉션(Inception)〉(2010)

감독: 크리스토퍼 놀란 | 주연배우: 레오나르도 디카프리오 | 아카데미 촬영상

우리는 우리가 모르는 생각을 하고 있습니다. 그 생각들을 무의식이라고 할 수 있습니다. 우리는 무의식을 꿈이라는 형태로 만나고는 합니다. 그래서 꿈은 정신분석의 중요한 대상이 되기도 하고, 많은 창작물의 기반이 되기도 합니다.

유명한 감독 크리스토퍼 놀란의 영화 〈인셉션〉은 타인의 꿈에 들어가서 생각을 훔칠 수 있는 주인공의 이야기를 그려냅니다. 현실이 아닌 상상 속에서나 가능할 법한 일을 스크린에 담아낸 이 영화는 아직도 결말에 대한 해석이 분분합니다. 무엇이든 상상하는 대로 이루어지는 꿈속의 이야기, 어떤 결말을 예상하십니까?

876 가장 회복력이 강한 기생충이 뭔지 알아요? 생각이에요.

What's the most resilient parasite? An idea.

877 꿈을 더 크게 꾸는 걸 두려워하면 안 돼, 꼬마야.

You must not be afraid to dream a little bigger, darling.

878 당신은 확신이 없는 낮은 가능성에 도전해 보겠나?

So do you want to take a leap of faith?

879 하나의 작은 이념이 모든 것을 바꾼다.

A simple idea that I knew would change everything.

880 넌 기차를 기다리고 있어. 그리고 그 기차는 우리를 저 멀리로 데려갈 거야. 너도 그 기차가 우리를 어디로 데려갔으면 하고 바라는 데는 알겠지, 하지만 확신할 순 없어. 하지만 상관없어, 우린 함께일 테니까.

You're waiting for a train. A train that will take you far away. You know where you hope the train will take you, but you can't be sure. But it doesn't matter because we'll be together.

시대를 초월한 만남

〈미드나잇 인 파리(Midnight in Paris)〉(2011)
감독: 우디 앨런 | 주연배우: 오웬 윌슨 | 아카데미 각본상

세상에는 사람들에게 사랑받는 예술가들이 많습니다. 직접 만나볼 수 있다면 좋겠지만, 다른 시대를 살았던 경우에는 어떻게 해도 만날 수 없겠죠. 그런데 영화 속에서라면 가능합니다.

영화 〈미드나잇 인 파리〉는 현대를 살아가는 주인공이 1920년대, 1890년대에 활동한 예술가들을 만나는 이야기입니다. 스콧 피츠제럴드와 젤다 커플, 헤밍웨이, 피카소 등 유명한 예술가들의 독특한 성격과 관계를 재현해낸 만큼 이 영화는 볼거리가 다양합니다.

여러분도 한 번쯤 만나보고 싶은 예술가가 있으십니까?

881 당신이 난 속일 수 있겠지만, 헤밍웨이는 못 속여!

You can fool me, but you cannot fool Ernest Hemingway!

882 예술가의 책임은 절망에 굴복하지 않고 존재의 공허함을 채워

줄 해답을 주는 거예요.

The artist's job is not to succumb to despair but to find an antidote

for the emptiness of existence.

883 진정한 사랑은 죽음마저 잊게 만든다네, 두려운 건 사랑하지

않거나, 제대로 사랑하지 않아서지.

I believe that love that is true and real, creates a respite from death.

All cowardice comes from not loving or not loving well, which is

the same thing.

884 파리는 비가 올 때 가장 아름답죠.

Paris is most beautiful in the rain.

885 당신이 여기 살면 여기가 현실이 되는 거예요. 그럼 당신은 또

다른 세계를 동경하게 돼요, 진짜 황금기를요. 현실은 그런 거

죠. 인생은 좀 불만족스럽고 그런 거니까요.

If you stay here, it becomes your present then pretty soon you will

start imaging another time was really your golden time. That's

what the present is. It's a little unsatisfying because life is so a little

unsatisfying.

호랑이와 함께
살아남기

〈라이프 오브 파이(Life Of Pi)〉(2012)

감독: 이안 | 주연배우: 수라즈 샤르마 | 아카데미 감독상

영화 〈라이프 오브 파이〉는 장년의 인도인 파이가 캐나다 소설가에게 한 이야기를 들려주면서 시작됩니다. 그 이야기는 자신이 16세에 태평양에서 겪었던 조난기입니다. 인도에서 동물원을 운영하던 부모와 함께 이민을 가다 태풍을 만나 구명보트에 던져진 그는 함께 보트에 올랐던 동물들을 잡아먹은 벵갈 호랑이 '리처드 파커'와 227일간 표류합니다.

그는 어떻게 맹수와 함께 오른 보트에서 살아남을 수 있었을까요? 이 여정에서 우리는 아름다운 영상과 철학적 상징을 엿볼 수 있습니다.

886 널 두렵게 하는 것은 물이 아니라 공포심이란다.

What scares you is not water but fear.

887 두려움은 나를 방심하지 않도록 긴장하게 합니다.

Fear makes me nervous so I won't let myself off guard.

888 삶이란 건 원래 보내는 거라고. 그저 인사를 못한 게 아쉬울 뿐.

Life is about spending it. I'm just sorry I couldn't say hello.

889 의심은 좋은 거예요. 믿음을 더욱 굳건하게 해 주니까요.

Doubt is a good thing. It makes your faith stronger.

890 신이 나의 고통을 외면한다고 생각했었지만, 아니었어요. 신은 늘 나를 지켜보고 있었던 거예요.

God turns my back on my pain I thought it was, but it wasn't. God was always watching me.

아름다운 색감과
기묘한 이야기

〈그랜드 부다페스트 호텔(The Grand Budapest Hotel)〉(2014)
감독: 웨스 앤더슨 | 주연배우: 랄프 파인즈 | 아카데미 미술상

우리가 살아가는 세상은 그리 특별하지 않습니다. 모든 건물이 아름다운 건축물로 디자인된 것이 아니듯, 영화 속 세상과 우리가 사는 세상은 다릅니다. 우리는 자연에서 아름다움을 볼 수도, 인공적인 아름다움을 추구할 수도 있습니다.

영화 〈그랜드 부다페스트 호텔〉은 동화에 나올 것 같은 건물이 등장합니다. 아름다우면서도 기묘하고, 신기하면서도 감성적인 이야기를 그리고 있는 이 독특한 영화는 보는 내내 눈이 즐겁습니다. 특유의 색감, 영상미가 돋보이는 개성이 감독의 상상력을 보여줍니다.

891 이런 야만적인 도축장 같은 현실 속에서도 희미하게 남아 있는 문명사회의 빛들이 아직 존재한다는 게 보이지 않니. 한때 그 빛은 인간성이라고 불렸었지.

You see there are still faint glimmers of civilization left in this barbaric slaughterhouse that was once known as humanity.

892 무례함은 그저 두려움의 표출입니다. 원하는 것을 가지지 못할까 봐서, 아무리 못난 사람도 사랑받으면 꽃봉오리처럼 마음이 활짝 열리죠.

Rudeness is merely the expression of fear. People fear they won't get what they want. The most dreadful and unattractive person only needs to be loved, and they will open up like a flower.

893 솔직히 말해서 그의 세상은 이미 그가 나타나기도 훨씬 전에 사라졌다고 생각하네. 하지만 난 이렇게 말하고 싶군, 그는 확실히 아주 멋진 품위를 가지고 그 환상 속에서 살았었다고.

To be frank, I think his world had vanished long before he ever entered it-but, I will say: he certainly sustained the illusion with a marvelous grace!

894 살면서 뭔가를 한다는 것에는 큰 의미가 없어. 삶은 눈 깜빡할 사이에 끝나 버리거든. 좋은 사람들일수록 어찌나 빨리 죽던지.

There's really no point in doing anything in life because it's all over in the blink of an eye. Oh, how the good die young.

895 시작의 끝이 끝부분에서 시작되는 순간이었다.

The beginning of the end of the end of the beginning has begun.

일본풍 환상 동화

〈센과 치히로의 행방불명(千と千尋の神隠し)〉(2002)

감독: 미야자키 하야오 | 주연배우(성우): 히이라기 루미 | 베를린영화제 황금곰상

일본 애니메이션계의 거장 미야자키 하야오와 지브리 스튜디오는 누구나 알 정도로 유명합니다. 그것은 어른이 봐도 많은 것을 느낄 수 있는, 아름다운 애니메이션을 만들었기 때문입니다.

그중에서도 〈센과 치히로의 행방불명〉은 매우 많은 사람들에게 사랑받았습니다. 알 수 없는 곳에서 위험에 처한 부모님을 구하기 위해 고군분투하는 소녀의 순수한 모험은 기묘하고도 환상적인 동화적 분위기를 만들어냅니다. 작중 등장하는 인물 중엔 이름을 빼앗긴 인물도 있습니다. 여러분은 자신의 이름을 잘 지키며 살아가고 있습니까?

896 이 세계에서 살아남으려면 어쩔 수 없어. 싫다던가 돌아가고 싶다라고 말하고 싶어져도 괴로워도 참고 기회를 기다리는 거야.

この世界で生き残るためには仕方がない。嫌だとか戻りたいとか言いたくなっ

てもつらくても我慢して機会を待つんだ。

897 손을 댔으면 끝까지 해야지. 동정심으로 일을 뺏으면 안 돼.

手を出したら最後までやらないと。同情心で仕事を奪ったら駄目だ。

898 네가 왔던 곳으로 돌아가. 너한텐 내가 원하는 게 없어.

君が来た所に帰って。君には私が望むものがない。

899 한 번 만난 인연은 잊히는 것이 아니라 기억해 내지 못하는 것
뿐이지.

一度会った縁は忘れるのではなく、思い出せないだけだ。

900 너라면 잘 해낼 거야. 자신의 이름을 소중히 하렴.

君ならちゃんとできるよ。自分の名前を大切にしなさい。

8-6

신나는 액션과
묵직한 사유

〈블레이드 러너 2049(Blade Runner 2049)〉(2017)
감독: 드니 빌뇌브 | 주연배우: 라이언 고슬링 | 아카데미 촬영상

　존재에 대한 질문을 할 때, 가장 먼저 이야기되는 것은 '기원'에
관한 것입니다. 우리는 어디에서 와서 어디로 가는 것일까요? 고대
세계에서는 주로 신에 의한 창조물이 인간으로 정의되었으며, 신의
창조물들은 살아 있을 당시에 신에게 봉사한 후에 운명이 다하면

신의 곁으로 되돌아간다고 믿었습니다.

영화 〈블레이드 러너 2049〉는 이 기원에 대한 질문을 하며, 핵전쟁 후 복제인간들과 공존하는 디스토피아 세계를 그리고 있습니다. 복제인간에게도 영혼이 있을까요? 〈블레이드 러너 2049〉는 저돌적인 영상과 무거운 주제의식이 돋보이는 영화입니다.

901 태어난 존재는 영혼이 있지 않을까요?

Wouldn't a born person have a soul?

902 당신은 네 개의 알파벳으로 이루어져 있군요. 난 0과 1 두 개 뿐인데.

The alphabet of you, all from four symbols. I'm only two⋯ one and zero.

903 당신은 특별하다고 내가 항상 말했잖아요. 아마도 이런 경우 겠죠. 한 아이⋯ 세상에 태어났고, 원하고, 사랑받았던.

I always knew you were special. Maybe this is how. A child⋯ of woman born, pushed into the world, wanted, loved.

904 한 번 꿈꿔보는 게 대수는 아니잖아요? / 아니, 우리한테는 문제지.

It's OK to dream a little. Isn't it? / Not if you're us.

905 누군가를 정말 사랑한다면, 가끔은 네가 모르는 사람이 되어야 한다.

Sometimes to love someone, You got to be a stranger.

8-7

판타지계의 명작

〈반지의 제왕: 반지원정대〉(The Lord Of The Rings: The Fellowship Of The Ring)〉(2001)
감독: 피터 잭슨 | 주연배우: 일라이저 우드

판타지 세계관은 작가마다 무궁무진합니다. 놀라운 것은, 한 사람이 거대한 세계를 창조했다는 것입니다.

영화로 만들어진 원작 소설 '반지의 제왕' 시리즈는 매우 긴 여정을 이야기로 풀어냈을 뿐만 아니라 판타지 소설계에 큰 획을 그은 작품으로 평가됩니다. 그 명작을 영화로 재현한 〈반지의 제왕: 반지원정대〉는 반지의 제왕 시리즈가 시작되는 이야기를 그리고 있습니다. 악의 세력이 세상을 지배하는 것을 막기 위해 여정을 떠나는 인간과 호빗, 엘프, 드워프의 모험을 그리는 판타지 영화 시리즈는 풍부한 상상력은 물론, 선악과 힘에 대한 사유를 보여줍니다.

906 다른 이를 향해서 처단이라든가 그런 말을 쉽게 하지 말거라. 아무리 명석한 현자더라도 모든 것의 끝을 볼 수 없는 법이란다.

Do not be too eager to deal out death in judgment. Even the very wise can not see all ends.

907 아주 작은 존재일지라도, 미래의 방향을 바꿀 수 있죠.

Even the smallest person can change the course of the future.

908 이 반지가 내게 오지 않았더라면, 이런 일이 아예 일어나지 않

았더라면.

I wish the ring had never come to me. I wish none of this had happened.

909 모든 사람들이 자기가 결정하지 않은 그런 일을 겪게 되지만, 그건 우리가 결정할 수 있는 게 아니란다.

So do all who live to see such times, but that is not for them to decide.

910 금이라고 해서 모두 빛나는 것은 아니며 방황하는 자가 모두 길을 잃은 것은 아니다. 강한 자는 나이 들어서도 시들지 않으며, 뿌리에는 서리가 닿지 못한다.

Gold does not all shine, nor does anyone who wanders get lost. He who is strong will not wither in his old age, and his root will not be frosty.

공포 영화 클리셰를 부수다

〈케빈 인 더 우즈(The Cabin in the Woods)〉(2012)
감독: 드류 고다드 | 주연배우: 크리스 헴스워스

지금까지 수많은 공포 영화가 개봉되어왔고, 인터넷에도 많은 사람들이 괴담을 적어 올립니다. 그러다 보니 공포 영화에도 어떤 법칙이 적용됩니다. 보통 '클리셰'라고 불리는 서사적 장치는 관객에게 익숙함을 주면서 재미를 더하기도 하고, 과하게 사용되면 영화를 식상하게 만들기도 합니다. 그런 클리셰를 부수는 영화 〈케빈 인 더 우즈〉는 다소 엽기적이면서도 신선한 방식으로 공포 영화의 법칙을 보여줍니다.

911 들어와. 어차피 인생은 모험이야.

Come in. Life is an adventure anyway.

912 녀석들은 눈이 멀어 어두운 미래를 못 보고 귀도 들리지 않습니다.

They're blind, they can't see the dark future, they can't hear.

913 망설이지 마! 계속 가보면 다른 길이 있겠지.

Don't hesitate! If you keep going, you'll find another way.

914 누군가 죽어나가야 하는 세상이라면. 이 세상을 끝내야 할지도 모르지.

If it's a world where someone has to die. Maybe we should end this world.

915 악몽에서 튀어나온 것 같네요. / 아니요. 저런 존재들이 악몽을 만드는 거죠.

Looks like it's coming out of a nightmare. / No, they make nightmares.

아름다운 미지의 세계

〈아바타(Avatar)〉(2009)

감독: 제임스 카메론 | 주연배우: 샘 워싱턴 | 아카데미 촬영상

우주는 우리가 모르는 미지의 세계입니다. 그래서 많은 판타지 영화들이 우주를 배경으로 이야기를 펼쳐나갑니다.

영화 〈아바타〉도 그중 하나입니다. 2009년 당시 매우 뛰어난 CG 기술로 많은 사람들의 이목을 끌었던 이 영화는 어느 행성의 원주민과 인간 사이의 대립을 보여줍니다. 사리사욕을 위해 행성의 자연을 해치는 인간들의 모습에 주인공은 원주민들과 인간 사이에서 갈등하게 됩니다. 지금 봐도 아름다운 영상은 제임스 카메론 감독의 풍부한 상상력을 보여줍니다.

916 형제자매여, 지구인들에게 보여줍시다. 그들이 원한다고 다 가져갈 수 있는 것은 아니라는 것을. 이곳은 우리의 땅입니다.

My brothers! Sisters! And we will show the Sky People that they cannot take whatever they want! And that this… this is our land!

917 대지의 어머니는 편을 들지 않아요. 단지 자연의 균형을 유지할 뿐이죠.

Mother earth does not take sides; she protects only the balance of life.

918 현재를 잃은 미래는 존재가치조차 없겠죠.

The future of losing the present won't even have value.

919   한 인생이 끝나고… 또 다른 인생이 시작됩니다.

One life ends… another begins.

920   때로는 인생 전체가 미친 행동 하나로 귀결되기도 하죠.

Sometimes your whole life boils down to one insane move.

잔혹 동화 같은 이야기

〈판의 미로(Pan's Labyrinth)〉(2006)

감독: 기예르모 델 토로 | 주연배우: 이바나 바쿠에로 | 아카데미 촬영상

아이의 상상력은 순수하기 때문에 선악의 경계 없이 평화롭기도 하고, 때로는 잔혹하기도 합니다.

영화 〈판의 미로〉는 주인공 '오필리아'가 숲에 들어가 요정을 따라 숲의 신에게 과제를 부여받는 이야기입니다. 우리는 이 정교하게 짜인 이야기가 오필리아의 상상이자 환상인지, 판타지 세계에서 정말로 일어나는 일인지 알 수 없습니다. 이러한 모호함은 어린이의 상상력을 존중하는 감독의 의도입니다. 스페인이라는 현실적 배경과 판타지적 장면이 어우러지면서 관객들에게 깊은 여운을 줍니다.

921   너도 어른이 되면 알겠지만 현실은 동화 속 세상과는 달라. 냉

혹하고 잔인하지. 때론 고통도 받아들여야 돼.

You'll know when you grow up, but reality is different from the fairy tale world. Cold and cruel. Sometimes you have to accept pain.

922 아무 생각 없이 시키는 대로 하는 건, 당신 같은 사람들이나 하는 겁니다.

Doing what you're told without thinking, it's only for people like you.

923 그녀가 지상에 남긴 흔적들은 어디를 봐야 하는지 아는 자들에게만 보인다.

The marks she left on the ground are only visible to those who know where to look.

924 너는 다른 사람을 희생하지 않고 자기 자신의 피를 흘렸구나.

You shed your own blood without sacrificing others.

925 문이 없다면 문을 만들면 되잖아요?

If there's no door, why don't we make one?

8-11

우주의 무한함을 뛰어넘다

⟨인터스텔라(Interstellar)⟩(2014)
감독: 크리스토퍼 놀란 | 주연배우: 매튜 맥커너히 | 아카데미 시각효과상

우리는 아주 오래 전부터 지구 밖 세상에 대해 상상해왔습니다.

영화 〈인터스텔라〉는 이 지구를 벗어나서 살 수 있는 곳을 찾는 다는 설정의 영화입니다. 블랙홀과 웜홀이 등장하는 환상적인 우주 배경은 더욱 발전된 컴퓨터 그래픽으로 섬세하게 재현되었습니다. 또한 딸을 향한 아버지의 사랑도 중요한 주제로 등장합니다. 시공간 에 생긴 불가사의한 틈을 탐험하여 인류를 구해야 하는 주인공은 과연 어떤 여정을 펼쳐나갈까요? 〈인터스텔라〉는 미지의 세계에 대 한 인간의 지적 호기심을 자극하는 영화입니다.

926 머피의 법칙, 일어나야 할 일은 일어날 것이다.

What ever can happen, will happen.

927 인류는 지구에서 태어났지만, 이것이 지구에서 죽어야 함을 의미하지는 않아.

Mankind was born on earth, it was never meant to die here.

928 지구의 종말이 우리의 종말은 아니야!

The end of earth will not be the end of us!

929 순순히 어두운 밤을 받아들이지 않으리. 노인들이여 저무는 하루에 소리치고 저항해요. 분노하고 분노해요, 사라져가는 빛 에 대해.

Do not gentle into that good night. Rage, rage against the dying of the light.

930 우린 답을 찾을 것이다. 늘 그랬듯이.

We will find a way. We always have.

8-12

감정이 있는 로봇

〈에이 아이〉(A.I. Artificial Intelligence)〉(2001)
감독: 스티븐 스필버그 | 주연배우: 할리 조엘 오스먼트

  인간이 더 편리하게 살기 위해 만들어낸 발명품 중에는 로봇이 있습니다. 로봇은 위험하거나 힘든 일을 대신해 주고, 오늘날에는 점점 더 많은 일을 하게 되었습니다. 그런데 만약 로봇이 감정을 느끼고 사랑을 할 수 있다면 우리는 그것을 어떻게 받아들여야 할까요?

  영화 〈에이 아이〉는 감정을 지닌 최초의 인공지능 로봇이 등장하는 이야기를 다루고 있습니다. 친아들이 불치병에 걸려 냉동되어 있는 상태의 가족에게 입양된 로봇은 그 친아들이 퇴원하자 숲속에 버려지게 됩니다. 로봇도 사랑을 할 수 있는 존재가 될까요? 어쩌면 가까운 미래에 고민하게 될지도 모르는 딜레마를 상상해 보게 됩니다.

931 진짜가 아니어서 미안해요 엄마. 제발 날 버리지 말아요. 허락하시면 인간이 될게요.

   I am sorry I'm not real, Mom. Please don't leave me. If you let me, I'll be so real for you.

932 인간의 단점은 존재하지 않는 것에 대해 희망을 갖는 거야. 인간들은 그걸 꿈이라고 하지.

   Human beings' weakness is that they hope for things that do not exist, and they call them dreams.

933 푸른 요정님, 제발 제가 인간이 되게 해 주세요.

Blue fairy, please, please make me a real boy.

934 항상 널 사랑한단다. 최고의 하루였어, 데이빗.

I have always love you. It was the best day, David.

935 데이빗도 엄마와 같이 잠들었다. 꿈이 시작된 곳으로.

David went to sleep like Mom, to where dreams started.

8-13

디스토피아를 상상하다

〈헝거 게임(The Hunger Games)〉(2015)
감독: 프란시스 로렌스 | 주연배우: 제니퍼 로렌스

미래를 희망적으로 상상하는 사람이 있다면, 조금은 비관적으로 상상하는 사람도 있습니다. 조지 오웰이 미래의 독재국가를 상상해 소설을 썼듯이, 영화에도 독재국가가 등장하는 경우가 있습니다.

영화 〈헝거 게임〉은 총 12개의 구역과 수도인 '캐피탈'로 이루어진 '판엠'이라는 독재국가를 배경으로 펼쳐지는 생존 게임을 다룹니다. 24명의 선수 중 단 1명의 우승자를 결정하는 이 게임은 총 4부작으로 다루어지고 있으며, 긴장의 끈을 놓을 수 없는 이야기로 관객들의 상상력을 자극합니다.

936 초원 깊은 곳에, 버드나무 아래에 잔디로 된 침대와 부드러운 녹색 베개 베고 누우렴, 졸린 눈을 감으렴.

Deep in the meadow, lay down under the willow with a lawn bed and a soft green pillow, close your sleepy eyes.

937 넌 내 인생의 전부야, 난 다시 행복해지지 못할 거야. 아무도 진정으로 날 필요로 하는 사람은 없어.

You're my whole life, I'm not going to be happy again. Nobody really needs me.

938 봐, 캣니스. 진정한 친구가 되려면 서로에게 마음속 깊은 얘기까지 해야 하는 거야.

See, Katniss, the way the whole friend thing works is you have to tell each other the deep stuff.

939 난 이런 걸 원한 적이 없어요. 난 헝거 게임에 참여하길 원한 적도, 모킹제이가 되고 싶다고 한 적도 없어요. 난 단지 내 여동생을 구하고……. 피타가 계속 살아 있길 바랐죠.

I never asked for this. I never asked to be in the games. I never asked to be the Mockingjay. I just wanted to save my sister……. And keep Peeta alive.

940 내가 정확히 뭐라고 말해야 될지 잘 모르겠어. 다만, 난 내 자신으로 죽고 싶어.

I don't know how to say it exactly. Only, I want to die as myself.

8-14

하루아침에
어른이 된다면?

〈빅(Big)〉(1988)

감독: 페니 마샬 | 주연배우: 톰 행크스

만약 누군가가 소원을 들어준다면 여러분은 어떤 소원을 빌겠습니까?

영화 〈빅〉에서는 주인공인 소년 조쉬가 놀이동산에서 어른이 되게 해달라고 소원을 빕니다. 다음날 아침, 정말 소원처럼 어른이 되어 눈을 뜬 조쉬는 장난감 회사에 취직해서 승승장구하고 여성의 마음을 얻기도 합니다. 하지만 단짝친구와도 사이가 멀어지게 되고, 마냥 좋지만은 않은 생활이 이어집니다. 이 영화는 재치 있는 상상력을 이용해서 때로는 어른들이 아이들보다 유치한 행동을 한다는 가르침을 줍니다. 우리는 충분히 어른스러운 사람일까요?

941 내 소원은 어른이 되는 거예요.

I wish I were big.

942 집에 갈 이유는 많은데, 남아야 하는 이유는 단 하나뿐이였어요. 당신이요.

There was a lot of reason to go home, but there was only one reason to stay. You.

943 내게도 그런 때가 있었어. 한 번 겪었으면 됐어. 내 말 알겠어? 알 리가 없지.

That's what happened to me. Once you've been through it, it's all right. Do you understand me? There's no way you know.

944 넌 조쉬야, 알겠어? 우리 집 지붕에서 팔도 부러지고, 우리 집 지하실에도 숨었었어. 난 네 친구야. 그게 친구보다 중요해?

You're Josh, okay? You broke your arm on my roof and hid in my basement. I'm your friend. Is that more important than a friend?

945 빨리 집에 가서 식구들을 만나고 싶어. 덩치는 커졌지만, 사실은 어린 애야!

I can't wait to go home and meet my family. He's grown up, but he's actually a little boy!

거대한 초콜릿 공장에 초대되다

〈찰리와 초콜릿 공장(Charlie And The Chocolate Factory)〉(2005)
감독: 팀 버튼 | 주연배우: 조니 뎁

팀 버튼의 상상력은 여러 영화를 통해 알려진 바 있습니다. 그중에서도 〈찰리와 초콜릿 공장〉은 동명의 소설을 원작으로 했는데, 아이들뿐만 아니라 어른들의 마음마저도 사로잡을 만큼 달콤하고 신비로운 초콜릿 공장이 등장합니다.

초콜릿 공장에 초대받은 주인공 '찰리'는 가난한 집에서 살아가고 있습니다. 우연히 황금 티켓을 손에 넣게 된 찰리는 그것을 다른 사람에게 팔지 않고 초콜릿 공장에 가게 됩니다. 색다른 환상을 개성 넘치는 연출로 그려낸 영화를 보고 나면, 문득 초콜릿이 먹고 싶어집니다.

946 이리 와보렴. 돈은 밖에 널리고 널렸다. 매일 많은 양의 돈을 찍어내지. 그러나 티켓은 세상에서 5장밖에 없잖니?

Young man, come here. There's plenty of money out there. They print more every day. But this ticket there's only five of them in the whole world.

947 넌 기분이 좋지 않을 때 어떤 것이 위안이 되니? / 가족이요.

What makes you feel better when you feel terrible? / My family.

948 한 가지는 확실합니다. 사는 것이 초콜릿보다 더 달콤하다는 것.

One thing is for sure. That living is sweeter than chocolate.

949 꼭 쓸데가 있어야 되는 건 아니야. 그냥 즐거우면 되는 거지.

It doesn't have to be useful. All you have to do is have fun.

950 간섭하는 게 아니고 지켜주고 싶은 거예요. 당신을 사랑하니까.

I'm not interfering. I just want to protect you. Because I love you.

얼어붙은 심장을 녹여라

〈겨울왕국(Frozen)〉(2013)

감독: 제니퍼 리 | 주연배우(성우): 크리스틴 벨

애니메이션으로 유명한 디즈니는 최근 시대 변화에 맞추어 수동적인 공주에서 벗어나 능동적인 여성 주인공을 등장시키고 있습니다. 대표적인 변화가 바로 〈겨울왕국〉 시리즈입니다.

안데르센의 작품 '눈의 여왕'을 모티브로 한 이 애니메이션은 마법의 힘을 가진 언니 '엘사'와 평범한 동생 '안나'를 중심으로 두 자매가 어떻게 시련을 극복하고, 사랑을 찾고 성장하는지 보여줍니다.

951 진정한 사랑은 누군가를 너 스스로보다 먼저 두는 것이야.

True love is putting someone else before yourself.

952 해가 뜨는 것처럼 나는 일어설 거야.

I'll rise like the break of dawn.

953 사랑은 너 자신보다 상대의 필요한 것을 채워주는 거야.

Love is putting someone else's needs before yours.

954 누군가를 위해서 기꺼이 녹아줄 수 있어.

Some people are worth melting for.

955 진실한 사랑의 행동만이 얼어붙은 심장을 녹일 수 있단다.

Only an act of true love can thaw a frozen heart.

8-17

외계인과의 우정

〈이티(E.T.)〉(1982)

감독: 스티븐 스필버그 | 주연배우: 헨리 토마스 | 아카데미 음악상

어렸을 적에는 외계인의 모습을 상상하며 우주에 대한 호기심을 키울 때가 있었습니다. 그런 순수한 호기심을 자극하는 영화 〈E.T.〉는 소년과 외계인의 우정을 보여주는 작품입니다.

유치원생 정도의 작은 키를 가진 외계인은 자전거를 하늘로 날게 한다거나, 시든 꽃을 살리고, 다친 상처를 치료하는 신비한 능력을 갖고 있습니다. 외계인이 등장하지만 매우 잔잔하고 소박한 감성으로 진행되는 이 영화는 잊고 있던 동심과 상상력을 일깨워줍니다.

956 여기서도 행복할 수 있어. 내가 너를 돌봐줄게. 우린 같이 자랄 수 있단 말이야.

You could be happy here. I could take care of you. We could grow up together, ET.

957 승자는 없어요. 인생처럼요.

There's no winner. Like life.

958 널 평생 기억할 거야. 매일 매일.

I'll remember you forever. Day after day.

959 그가 여기 온 건 기적이란다. 기적이야. 넌 최선을 다해 돌봤

고. 널 먼저 만나 다행이구나.

It's a miracle he's here. It's a miracle. You took care of it the best you could. I'm glad I met you first.

960 항상 네 곁에 있을게.

I'll be right there.

우물 밖을 상상하라

〈빅 피쉬(Big Fish)〉(2003)
감독: 팀 버튼 | 주연배우: 이완 맥그리거

우리는 상상한 만큼 풍부한 삶을 살게 됩니다.

영화 〈빅 피쉬〉는 아버지의 허풍 섞인 이야기를 되짚어가는 주인공이 만나는 새로운 세계를 이야기합니다. 영화 초반부에는 아버지가 자신이 성장통을 앓을 때 책에서 본 금붕어 이야기를 하는 장면이 나옵니다. "작은 어항에서 자라는 금붕어가 큰물에서는 서너 배 이상 더 크게 자라기도 한다"는 이야기입니다.

우리의 상상력도 마찬가지입니다. 환경을 바꿀 수는 없지만, 사고의 전환을 도모할 수는 있습니다. 현실이라는 어항에서 작게 사는 것보단, 좀 더 상상력을 발휘해 넓은 호수를 향하는 것이 바람직하지 않을까요?

961 아마도 내 빠른 성장의 원인은 내가 큰 사람이 되기로 예정되어서가 아닐까? 결국 거대한 사람은 보통의 삶을 살 수 없다.

It occurred to me then that perhaps the reason for my growth was that I was intended for larger things. After all, a giant man can't have an ordinary-sized life.

962 그녀는 강 속 큰 물고기는 결코 잡히지 않기에 자신의 길을 간다고 말했다.

She said that the biggest fish in the river gets that way by never being caught.

963 이 마을은 누군가가 찾던 것 이상이고 내가 만약 여기서 생을 마무리할 수 있다면 저는 제가 참 행운아라고 여길 거예요. 그런데 저는 어디에서도 정착할 준비가 되지 않았어요.

This town is more than any man could ask for And if I were to end up here, I would consider myself lucky. But the truth is, I'm just not ready to end up anywhere.

964 운명은 잔인한 방식으로 사람을 맴돈다. 살다 보면 싸울 필요가 있다고 운명을 잃었다고 인정해야 할 때가 온다. 배는 이미 떠나갔다. 오직 바보만이 계속 갈 뿐이다. 사실 나는 항상 바보였다.

Fate has a cruel way of circling around on you. There's a time when a man needs to fight and a time when he needs to accept that his destiny's lost. the ship has sailed, and that only a fool will continue.

Truth is, I've always been a fool.

965 한 남자는 그의 이야기를 여러 번 거듭하여 말했다. 그는 결국 그 이야기 자체가 되었다. 이야기는 그가 죽은 후에도 계속 살아간다. 이런 방법으로 그는 영원히 죽지 않는 존재가 되었다.

A man tells his stories so many times that he becomes the stories. They live on after him. And in that way, he becomes immortal.

8-19

장난감들의 모험

〈토이 스토리(Toy Story)〉(1995)
감독: 존 라세터 | 주연배우(성우): 톰 행크스

어릴 적 갖고 놀던 장난감들이 사실은 우리의 뒤에서 살아 움직인다는 설정의 애니메이션 〈토이 스토리〉 시리즈에는 '앤디'의 장난감들이 주인공으로 나옵니다. 사람이 없을 때마다 그들은 대화를 하고, 움직이고, 서로 싸우기도 합니다. 주인과 떨어지게 된 장난감들이 어떤 모험을 통해 다시 집으로 찾아오게 되는지 유쾌하게 그려내는 애니메이션 〈토이 스토리〉는 어릴 적의 향수를 자극하는 작품입니다. 뿐만 아니라 여러 오마주 장면이나 농담을 알아가면서 어른이 되어서도 즐겁게 볼 수 있습니다. 예전이나 지금이나 어린이들에게는 장난감 친구들이 필요합니다.

966 네가 앤디에게 사랑받은 건 우주용사라서가 아니라 앤디의 장난감이기 때문이야.

You were loved not because you were an astronaut, but because you were Andy's toy.

967 우리는 각자 운명의 주인이야. 우리 스스로 운명을 좌우하지.

We're masters of own fate. We control our destiny.

968 그렇지만 우디의 가장 큰 장점은 너를 절대 포기하지 않는다는 거야… 절대로.

But the thing that makes Woody special, is he'll never give up on you… ever.

969 이제 이 친구들에게 잘 대해 주겠다고 약속해 줘. 얘네들은 내게 정말 소중하거든.

Now you got a promise to take good care of this guys. They mean a lot to me.

970 장난감의 가장 소중한 사명은 끝까지 아이 곁을 지켜주는 거야.

The most precious mission of the toy is to stay with the child until the end.

외계인보호구역

〈디스트릭트 9(District 9)〉(2009)
감독: 닐 블롬캠프 | 주연배우: 샬토 코플리

　　다소 특이한 방식으로 외계인을 다룬 영화로는 〈디스트릭트 9〉
이 있습니다. 어느 날 남아프리카 공화국 요하네스버그 상공에 나타
난 거대한 우주선에는 영양실조상태의 외계인 1백만 명이 있었습니
다. 전 세계의 이목이 집중된 상태에서 도덕적인 모습을 보이기 위
해 정부는 구호 대책반을 설치하고 그 구역을 외계인들의 임시보호
구역으로 설정합니다. 하지만 인근 주민들은 외계인 추방을 강력하
게 요구하고, 이들은 철거당할 위기에 처합니다. 한편으론 현재의 사
회 문제에도 대입해 볼 수 있는 사유를 지닌 작품이라고 생각됩니다.

971　그들이 다른 나라에서 왔다면 이해할 수 있을지 몰라. 그런데
　　　심지어 이 행성 출신도 아니잖아.

　　　If They Were From Another Country We Might Understand, But
　　　They're Not Even From This Planet.

972　우리는 함께 한다. 당신을 버리고 혼자는 못 가.

　　　We Stick Together. I'm Not Leaving You Here.

973　왜냐하면, 이 꽃은 쓰레기로 만든 거거든요. 제가 그이 앞에
　　　당당하게 설 수 없는 이유이기도 해요.

Because this flower is made of trash. That's why I can't stand tall in front of him.

974 당신을 치료하기 전에 내 동족들부터 구해 줘야 한다. 동족들을 실험물로 죽게 놔둘 순 없다.

I need to save my own people before I treat you. We can't let them die as a test.

975 우리 행성은 달이 몇 개야? / 7개. / 지구는 달이 겨우 하나야. 빨리 우리 행성이 보고 싶어.

How many moons does our planet have? / Seven. / Earth has only one moon. I can't wait to see our planet.

진화한 유인원과의 전쟁

〈혹성탈출: 종의 전쟁(War for the Planet of the Apes)〉(2017)
감독: 맷 리브스 | 주연배우: 앤디 서키스

인간이 인간과 너무 닮은 생물을 보면 기괴하다는 느낌을 받게 된다고 합니다. 이것을 '불쾌한 골짜기' 현상이라고 합니다. 인간이 아닌 것이 인간의 영역을 침범한다고 느끼면 인간은 공포를 느끼게 되는 것입니다.

영화 〈혹성탈출〉 시리즈는 유인원들이 진화하여 인간과 대립하는 이야기를 다루고 있습니다. 오랑우탄, 고릴라, 침팬지 같은 동물들은 인간보다 신체적 기능이 우월하여 지능이 높아지자 전쟁을 일으킵니다. 이들은 어떤 목적을 가지고 인간과 맞서게 된 것일까요? 놀라운 상상력과 현대의 CG 기술이 만나 실감나는 이야기를 느낄 수 있습니다.

976 이 아이는 누군가? 난 모른다. 하지만 너와 함께 왔다. 이 애에겐 아무도 없다.

Who is child? I don't know. But she with you. She has no one else.

977 세월이 흘러 너의 아이들이 물을 것이다. "그 위대한 전쟁에서 무엇을 하셨나요?"

Years from now, your children will ask you: "What did you do in the greatest war?"

978 우린 야만인이 아니다. 유인원은 오직 생존을 위해서만 싸운다. 나쁜 인간이 유인원을 죽인다.

We are not savage. Apes fight only to survive. Bad human kill ape.

979 자비는 없다. 평화는 없다. 이것은 전쟁이다. 유인원은 뭉치면 강하다.

No mercy, no peace. This is war. Apes together strong.

980 우리가 놈들을 만들었지만, 이제는 놈들을 멸종시킬 것이다.

We created them, but now we will bring an end to their kind.

공포의 대상이 된
외계인

〈우주 전쟁(War Of The Worlds)〉(2005)
감독: 스티븐 스필버그 | 주연배우: 톰 크루즈

영화 〈우주 전쟁〉은 앞서 다룬 외계인 영화와 다르게 재난 영화 형태를 띠고 있습니다. 외계인과의 조우가 꼭 평화로울 것이라는 보장은 없기 때문입니다. 외계인과의 전쟁이라는 재난을 맞이한 평범한 시민들이 어떻게 대처하는지 사실적으로 보여주는 이 영화는 사회를 비판하기도 하고, 가족의 소중함을 보여주기도 합니다.

침략과 재난을 통한 인간성의 붕괴는 그리 먼 일이 아니기도 합니다. 우리도 비슷한 상황에서 이웃이 어떻게 돌변할지 상상할 수 없습니다. 다양한 인간군상이 외계인 침공을 대하는 이야기는 관객의 흥미를 유발합니다.

981 자, 팔을 이렇게 해 봐. 이 안은 네 공간이야. 네 공간 안에서는 아무 일도 일어나지 않아.

Now, put your arms like this. It's your space in here. Nothing happens in your space.

982 불행은 인간이 창조한다.

Misfortunes are created by man.

983 침략자들이 지구에 온 순간부터, 우리의 공기로 숨을 쉬고, 먹고 마셨을 때부터 그들은 이미 죽은 목숨이었다.

From the moment the invaders came to earth, from the moment they breathed in our air, ate and drank, they were already dead.

984 손에 가시가 박혔을 때 가만히 놔두면 손에 근육들이 알아서 가시를 밀어낸다고 그랬어.

If you leave the thorn in your hand, the muscles in your hand will push it out.

985 그것은 모든 도전에 맞설 우리의 권리였다. 왜냐하면 인류는 결코 헛되이 살고 헛되이 죽지 않았기 때문이다.

It was our right to face all the challenges. Because mankind never lived in vain and died in vain.

잘못된 세상에 살고 있다면

〈매트릭스(The Matrix)〉(1999)
감독: 릴리 워쇼스키 | 주연배우: 키아누 리브스 | 아카데미 편집상

만약 우리가 살고 있는 현실이 인위적으로 만들어진 세계이고, 사실은 노예처럼 정해진 길을 걷고 있다면 어떻게 하겠습니까? 어떤 사람은 주어진 삶을 마저 사는 것을 선택하고, 어떤 사람은 감춰

진 현실을 알고 싶어 할 것입니다.

영화 〈매트릭스〉는 주인공이 현실을 깨달아가며 기존 세계를 유지하려는 세력과 싸우는 내용의 영화입니다. 거대한 컴퓨터 시스템에 대한 저항을 그리고 있는 이 작품은 개성 있는 액션 신과 의미심장한 대사들이 특징입니다.

986 시작이 있는 모든 것엔 끝이 있다.

Everything that has a beginning has an end.

987 파란 약을 먹으면 여기서 끝난다. 침대에서 깨어나 네가 믿고 싶은 걸 믿게 돼. 빨간 약을 먹으면 이상한 나라에 남아 끝까지 가게 된다.

You take the blue pill, the story ends. You wake up in your bed and believe whatever you want to believe. You take the red pill, you stay in wonderland and I show you how deep the rabbit hole goes.

988 기억해라. 내가 제공하는 모두가 진실이다. 그 뿐이다.

Remember, all I am offering is the truth. Nothing more.

989 너 자신이 존재한다고 생각하지 마라. 네가 존재한다고 이해해라.

Don't think you are, know you are.

990 스푼을 구부리려고 하지 마세요. 그건 불가능해요. 대신 진실을 깨달으려고 하세요. 스푼 같은 건 없어요.

Do not try and bend the spoon. That's impossible. Instead only try to realize the truth. There is no spoon.

8-24

화성에서 살아남기

〈마션(The Martian)〉(2015)
감독: 리들리 스콧 | 주연배우: 맷 데이먼

우리는 지구 밖에서 살 수 있을까요? 지구가 아닌 다른 행성에서 사는 인간을 상상해 봅니다. 가장 가능성 높은 행성은 화성이라고 알려져 있습니다.

영화 〈마션〉은 정말로 화성에 남겨져 생존하는 우주인을 주인공으로 이야기를 전개합니다. 주인공은 화성을 탐사하던 중 모래폭풍을 만나고 살아남았지만, 동료들은 그가 죽었다고 생각하고 화성을 떠납니다. 극적으로 살아남은 주인공이 어떻게 생활하고, 끝내는 지구로 돌아갈지 상상력을 자극하는 작품입니다.

991 부모님께 전해 주세요. 내가 하는 일을 사랑했고, 그 일에 아주 뛰어났다고. 나 자신보다 더 크고 아름답고 위대한 것을 위해 일하다 죽었다고 전해 주세요.

Please tell them. Tell them I love what I do. And I'm really good at It. And I'm dying for something big and beautiful and greater than me.

992 그래, 그냥 상관을 안 하는 나쁜 놈도 있긴 하지만, 그보다 도와주려는 사람 숫자가 훨씬 많다는 거지.

Yes, there are assholes who just don't care. But they're massively outnumbered by the people who do.

993 모든 인간은 서로를 도우려는 기본적인 본능이 있어.

Every human being has a basic instinct to help each other out.

994 거만하게 들리고 싶진 않지만, 이 행성에서는 내가 최고의 식물학자야.

I don't wanna come off as arrogant here, but I'm best botanist on the planet.

995 온갖 것들이 꼬이고 꼬여서 '그래 이젠 끝이야'라고 생각할 수 있다. 그걸 받아들이거나 아니면 해결하면 된다.

Everything is going to go south and you're going to say, 'This is it. This is how I end.' Now, you can either accept that⋯ or you can get to work.

8-25

환상을 현실로
바꿔주는 곳

〈**토탈 리콜**(Total Recall)〉(2012)

감독: 렌 와이즈먼 | 주연배우: 콜린 파렐

2012년에 동명의 작품을 리메이크한 〈토탈 리콜〉에는 완벽한 기억을 심어서 고객이 원하는 환상을 현실의 기억으로 바꿔준다는 회사 '리콜사'가 등장합니다. 평범한 일상을 보내던 주인공은 거듭되는 악몽으로 리콜사에 방문하여 자신의 꿈을 체험합니다. 그런데 의문의 사고로 그는 전 세계의 운명이 걸린 거대한 음모 속에 휘말리게 됩니다. 지금까지의 기억이 완전히 부정되고 아군이 누군지, 적이 누군지도 확신할 수 없는 상황에서 주인공은 의미심장한 추격전을 벌입니다. 잘 만들어진 SF 영화는 우리의 상상력을 다른 관점에서 보게 해 줍니다.

996 우리가 꿈꾸던 삶은 아니지만, 자기 꿈대로 사는 사람이 얼마나 되겠어?

Not the life we dreamed of, but the person who lives according to his or her dreams. How much do you think it.

997 작별키스도 않고 보내줄 수야 없지. 우릴 갈라놓을 건 죽음뿐이잖아?

Did you think I'd let you leave without a kiss good-bye? "Till death do us part." right, baby?

998 자기 자신을 찾는 건 모든 사람의 숙원이지만, 해답은 과거가 아닌 현재에 있네. 그게 진리지.

It is each man's quest to find out who he truly is, but the answer to that lies in the present, not in the past. As it is for all of us.

999 과거는 마음의 허상일 뿐, 눈을 멀게 하고 집착하게 만들지만 가슴은 현재에 머물고 싶어 하지. 현재를 보게. 그럼 해답을

찾을 거야.

The past is a construct of the mind. It blinds us. It fools us into believing it. But the heart wants to live in the present. Look there. You'll find your answer.

1000 과거의 내가 누군지는 모르지만, 현재의 내가 누군지는 알아.

I may not remember who I was, but I know who I am.

책을 통해 여러분은 200편의 영화와 1000개의 문장을 만나보았습니다. 제가 본 영화 중에 독자 여러분께 감동과 통찰을 줄 수 있는 영화 목록과 명언들을 엄선하였지만, 지면의 한계로 인해 더욱 깊이 있는 내용을 싣지 못한 것에 아쉬움이 조금 남는 것은 사실입니다.

이 책에 수록된 많은 영화 중 특히 삶의 사유들을 제공한 영화가 몇 개 있었습니다. 그 중 하나가 〈메멘토〉라는 영화입니다. 〈메멘토〉를 통해 기억을 잃은 채로 살아간다는 것이 어떤 의미일지 깊이 고민해 보게 됩니다.

데카르트가 '나는 생각한다. 고로 존재한다.'라고 했습니다. 인간은 끊임없이 자신에 대해 생각하고 생각함을 통해 자신이 살아 있음을 실감하는 존재입니다. 그러나 자신의 일부밖에 기억하지 못하고 자신의 본질을 알 수 없는 상태가 과연 실존하는 존재라고 할 수 있을까요? 우리가 비판적으로 생각하지 않고 그냥 살아간다면, 기억을 잃은 상태와 같아질 수 있습니다. 그러면 자신의 존재에 대해 끊임없이 생각한다는 것은 과연 무엇일까요?

그리고 〈죽은 시인의 사회〉라는 영화는 유한한 삶을 '내 것'으로 살기 위해서는 나만의 신념을 확고히 지키며 순간을 소중히 살아야 한다고 말합니다. 〈죽은 시인의 사회〉 속 선생님이 '카르페 디엠!'이라고 이야기한 것처럼요.

그러나 우리는 자주 스스로의 기준보다는 사회가 이야기하는 기준을 따르고는 합니다. 사회에서 이야기하는 성공의 기준이 결코 정답이 될 수 없음에도 불구하고 말입니다. 내 삶을 남들의 기준에 맞춰 살다 보면 남는 것이 무엇일까요? 유한한 삶이 끝나감이 느껴질 때, 후회하게 되지 않을까요? 나의 기준을 좀 더 살피고 나만의 삶을 살아간다는 것은 무엇일까요?

마지막으로 〈라라랜드〉라는 영화를 통해 조금은 마음이 아픈 통찰을 할 수 있었습니다. 꿈을 이뤄가는 과정에서 많은 상실을 경험하기도 하고 실패를 경험하기도 합니다. 가장 소중하다고 생각했던 사람을 잃게 될지도 모릅니다. 이것은 어쩌면 필연적인 과정입니다.

그러나 사랑하는 사람을 잃을 수 있다는 것은 상상만 해도 마음이 찢어지는 일입니다. 사랑과 꿈을 함께 얻을 수는 없는 걸까요? 살다보면 둘 중 하나를 잃어야 할 상황을 분명 마주하게 될 텐데,

나에게 더 소중한 가치는 과연 무엇일까요?

여러분은 이 책에서 소개한 영화 이외에도 영화들을 접해왔고, 앞으로도 많은 영화들을 만나게 될 것입니다. 영화 속에는 재밌는 줄거리와 화려한 영상미뿐만 아니라 삶에 대한 이야기가 숨겨져 있습니다. 경험해 보지 않은 삶을 영화를 통해 만날 수 있다는 것은 크나큰 행운입니다. 세상을 5도만 비껴보면 많은 것들이 보입니다. 그 속에서 스스로만의 것들을 얻을 수 있기를 바랍니다.

책을 읽고 영화의 내용을 파악하고 명언을 통해 생각을 하는 것을 넘어서 더욱 더 깊은 사색과 통찰에 잠기는 것은 이제 독자 여러분의 몫입니다.

Memento
메멘토, 2000

영화로 보는 인문학여행

스크린의 기억,
시네마 명언 1000

초판 1쇄 발행 2021년 6월 25일
3쇄 발행 2024년 6월 1일

지은이 | **김태현**
기획 편집 총괄 | **호혜정**
편집 | **이다현**
기획 | **이지영 김민아**
교정교열 | **오하은 김수하 박채송**
일러스트레이션 | **박지현**
표지·본문 디자인 | **이선영**
마케팅 | **최미남 김태현**
펴낸곳 | **리텍 콘텐츠**
주소 | **서울시 용산구 원효로 162 세원빌딩 606호**
전화 | **02-2051-0311**   팩스 | **02-6280-0371**
이 메 일 | ritec1@naver.com
홈페이지 | **http://www.ritec.co.kr**
페이스북 | 블로그 | 카카오스토리채널 | **[책속의 처세]**
ISBN | **979-11-86151-46-4 (03190)**

상상력과 참신한 열정이 담긴 원고를 보내주세요. 책으로 만들어 드립니다.
원고투고: ritec1@naver.com

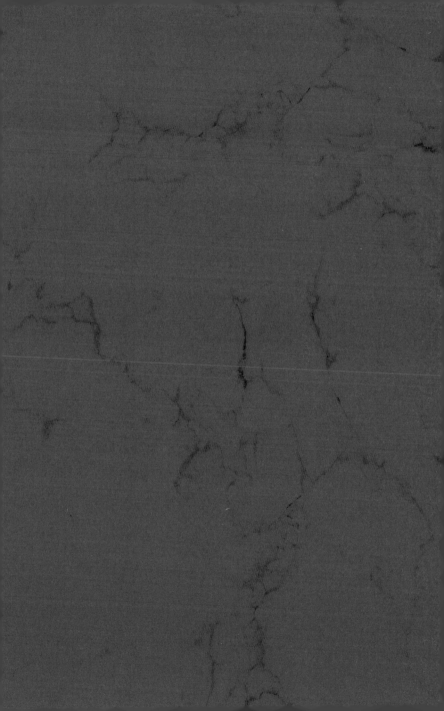

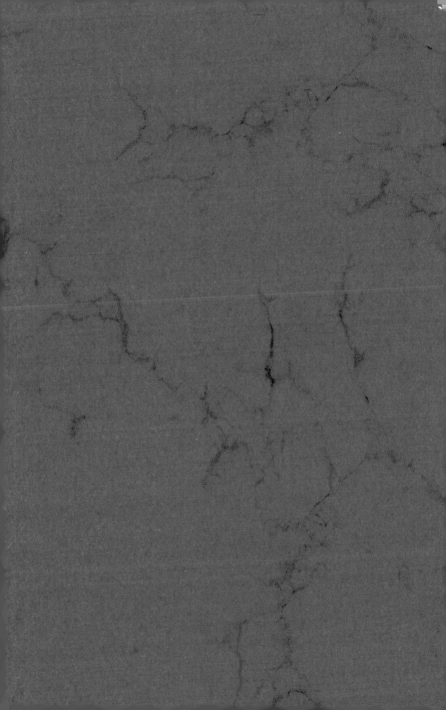